하루재클럽

산책여행

하루재클럽

山册旅行

초판 1쇄 2018년 5월 25일 | **펴낸곳** 하루재클럽 | **펴낸이** 변기태 | **편집** 유난영 | **디자인** 장선숙

주소 (우) 06524 서울특별시 서초구 나루터로 15길 6(잠원동) 신사 제2빌딩 702호 | **전화** 02-521-0067

팩스 02-565-3586 | **이메일** gitae58@hotmail.com | **출판등록** 제2011-000120호(2011년 4월 11일)

ISBN 979-11-962490-3-8 03900   • 책값은 뒤표지에 있습니다.   • 이 도서의 국립중앙도서관 출판

예정도서목록(CIP)은 서지정보유통지원시스템 홈페이지(http://seoji.nl.go.kr)와 국가자료공동목록시스템

(http://www.nl.go.kr/kolisnet)에서 이용하실 수 있습니다.(CIP제어번호: CIP2018015005)

산과 책에 대한 꿈을 갖기 시작한 지 40여년. 60년의 삶 대부분을 산과 함께 했습니다. 그동안 우리 산악계는 경제성장과 등산용품 업계의 급성장으로 로또를 맞았습니다. 전 세계적으로 엄청난 복권에 당첨된 사람들 대부분의 말로가 불행하다고 합니다. 소위 알피니즘이라는 정신세계가 우리에게 미처 자리도 잡기 전에 물욕이 산악계를 지배했고, 우리는 그 물욕에 산을 팔고 영혼을 팔고 있었습니다. 이런 걸 '무지한 욕망이 빚어낸 참사'라 해야 할까요. 우리가 어렸을 때 세계명작과 위인전을 읽었듯이 산악의 세계에도 읽을 만한, 아니 읽어야 할 세계명작과 위인전이 있습니다.

독서는 '무지한 욕망이 빚어낸 참사'에서 벗어나는 유일한 방법이자 수단입니다. 독서의 필요성을 느낀 몇몇 앞서간 선배제현께서 사재를 털어 서구의 주옥같은 글들을 번역 출간하였지만 많은 좌절만 겪고 포기하거나 낙향하였고, 월간 산악잡지사와 대형 출판사에서 실낱같은 믿음으로 몇 권 출판하였으나 용빼는 재주가 없었습니다.

이러한 현실에서 번역 산책을 전문으로 발간하는 하루재클럽과 하루재클럽의 책을 구입하여주는 비영리단체 하루재북클럽이 탄생했습니다. 하루재북클럽 회원들의 지원으로 지금까지 약

60권에 가까운 저작권 계약을 하였고, 10여 권의 번역책을 세상에 내놓았습니다. 가까운 일본 산악계와 영국, 프랑스, 독일, 심지어는 폴란드의 산악계에서도 하루재북클럽 시스템에 놀라고 있습니다. 알피니즘의 세계에 최소한의 예의는 갖추게 되었다고나 할까요. 2015년 1월 16일 시작한 하루재북클럽 회원 모집이 앞으로 10년 100년 지속되어 1906년 미국에서 설립된 후 수만 명의 개인회원과 기업회원으로 무장한 비영리 아웃도어 전문출판사 Mountaineers Books를 넘어서는 꿈을 꾸어봅니다.

북한산 하루재에서 인수봉을 바라보며 가졌던 산과 등반에 대한 경외심을 잊지 않는 분들이 함께한다면 우리의 초라한 알피니즘이 꽃피는 그날이 반드시 올 것입니다.

끝으로 수많은 인명과 지명, 생소한 등반 역사의 미로 속에서 끝까지 용기를 내준 여러 번역가들, 윤문을 해준 김동수씨, 그리고 언제나 하루재클럽과 함께하면서 산책여행의 길잡이 서평을 써주신 이용대 선배님과 산책 번역서 발간에 변함없는 지지와 격려를 보내주신 김영도 고문님, 여러 선후배님들, 특히 하루재북클럽 회원님들께 깊은 감사의 말씀을 드립니다.

하루재클럽 발행인 변기태

세로 토레

메스너, 수수께끼를 풀다

Fallen Giants

히말라야 도전의 역사

FREEDOM CLIMBERS

자유를 찾아 등반에 나서는
폴란드 산악인들의 놀라운 여정

지은이 라인홀드 메스너(Reinhold Messner)
옮긴이 김영도
펴낸곳 하루재클럽
분야 등산 > 등반사
펴낸날 1쇄 - 2014년 8월 1일
2쇄 - 2015년 3월 1일
개정판 1쇄 - 2016년 7월 1일
판형 125×205 양장본
쪽수 320쪽
가격 26,000원
ISBN 978-89-967455-0-1 03850

지은이 모리스 이서먼(Maurice Isserman),
스튜어트 위버(Stewart Weaver)
옮긴이 조금희, 김동수
그린이 디 몰나르(D. Molenaar)
펴낸곳 하루재클럽
분야 등산 > 등반사
펴낸날 2015년 11월 2일
판형 178×252 양장본
쪽수 680쪽
가격 62,000원
ISBN 978-89-967455-1-8 03900

지은이 버나데트 맥도널드(Bernadette McDonald)
옮긴이 신종호
펴낸곳 하루재클럽
분야 등산 > 등반사
펴낸날 2017년 2월 15일
판형 125×205 양장본
쪽수 652쪽
가격 43,000
ISBN 978-89-967455-7-0 03900

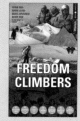

등반사 시리즈 1

세로 토레
메스너, 수수께끼를 풀다

라인홀트 메스너 지음

김영도 옮김

파타고니아의 얼음 벌판 위에 우뚝 치솟은 세로 토레, 체사레 마에스트리는 1959년 처음으로 그 산에 올랐다고 했다. 그러나 함께 등반한 토니 에거는 눈사태로 실종되었고 어디에도 초등의 증거는 없었다. 토레를 향한 도전은 계속 되었고, 마에스트리의 등정 의혹은 커져만 갔다. 1970년 마에스트리는 엉뚱한 방법으로 다시 토레를 오르는데 결국 자신의 주장이 거짓이었음을 증명하고 만다.

하루재클럽

우리는 토레를 보았다.
그것은 거의 등반이 불가능한 것처럼
거대한 기둥으로 홀로 서 있었다.

토레에서의 죽음

빈 로프가 아직도 바람에 날리고 있다. 50년 전에 일어난 일이다. 산을 오르던 두 사람은 별을 붙잡고 싶었던 것일까. 모두가 불가능하다고 믿는 봉우리를 오르려다가 한 사람은 떨어져 죽었고, 다른 한 사람은 갑작스러운 공포에 휩싸였다. 이제 아무 것도 남지 않았다. 허공과 절벽 그리고 악몽뿐이다. 친구는 정말 죽었을까. 아니면 이 협곡 어딘가에, 빙하 깊숙한 구석에 떨어진 채 아직 숨이 붙어 있을까. 눈사태가 친구를 휩쓸어 갔다. 그가 로프를 타고 내려왔을 때 친구는 온데간데없었다. 분명 이 파타고니아의 화강암벽 어딘가에는 있을 것이다.

혼돈이 세계 최악의 산을 지배하고 있었다. 폭풍설과 눈사태 그리고 화이트아웃. 그 속에서 아직 살아 있는 사람은 계속 하강을 했다. 제정신이 아니었다. 기진맥진한 상태로 온몸이 얼어붙어 이제 어떻게 해야 할지 몰랐다. 이미 이성을 잃었지만 그래도 아직 죽을 것 같지는 않았다. 그는 여전히 친구가 어디 있는지 살피면서 스스로 살 길을 찾느라 자신이 내려가고 있는 암벽에서 한시도 눈을 뗄 수 없었다.

저기 누군가 있는 것 같았다. 총에 맞아 쓰러진 짐승처럼 보였다. 추락한 친구가 낭떠러지에서 올라온 것일까? 아니, 그럴 리가 없다.

아무 것도 없었다. 바람과 눈보라가 휘몰아치고 있는데 들리는 것은 자신의 심장 고동 소리뿐이었다. 그는 내려가고 또 내려가기를 반복하면서 끝도 없는 낭떠러지로부터 도망치고 있었다.

그는 세계에서 가장 어려운 산을 오르기 위해 죽을 각오가 돼 있었다. 하지만 지금은 살아야겠다는 생각뿐이다. 눈사태가 중력의 법칙을 따르듯 그는 생명의 본능에 따라 살려고 노력했다. 자신이 어디쯤 매달려 있는지도 알 수 없었다. 추락하지 않으려고 조심조심 밑으로만 내려갈 뿐이다.

숨도 제대로 쉬지 못하고 비틀거리면서 조금씩 로프를 갉아 먹는 것처럼 내려갔다. 그러자 악몽도 사라지고 그 어떤 불안감도 없었다. 그는 이제 실패자가 아니다. 지옥에서 살아나는 길을 찾기 위해 싸우는 투사일 뿐이다.

수직 세계에서는 허공에 매달려 조금씩 밑으로 내려가는 것밖에 달리 방법이 없다. 때때로 정신을 잃고 로프에 매달려 있다가 다시 깨어나 내려가기를 반복했다. 한참을 하강하다 느닷없이 얼음 덩어리에 맞았을 때는 마치 자신이 딴사람처럼 느껴졌다. 자기 자신을 잃어버린 것 같았다. 하강은 죽음과의 싸움이었다. 내려갈수록 죽음과의 거리가 점점 줄어드는 것 같았다. 도대체 무엇이 이토록 그를 집요하게 몰아붙이면서 죽이려고 하는가.

그러나 한 가닥 위로가 있었다. 주변이 아무리 위협적이어도 그는 자신이 죽는다고 생각하지 않았다. 오직 살아 있다는 현실만 믿었다. 손은 제대로 움직일 수 없을 만큼 아팠다. 팔도 들어올릴 수 없었다. 그는 한 번 더 친구를 불렀는데, 목소리조차 제대로 나

세로 토레 북벽

오지 않았다. 살기 위해 애를 썼지만 이미 제정신이 아니었다. 친
구는 이제 그에게 친구가 아니고 괴물이었다. 그의 몸은 마치 해
머로 암벽을 때리듯이 바위에 부딪혔다. 그만큼 머리에 상처가 깊

었다. 그는 허공 속에 있었다. 위를 보나 아래를 보나 아무 것도 없는 절벽이다. 지금 여기는 토레였다. 나폴리의 휴양지 구글리아 Guglia가 아니었다.

그는 밑으로 계속 내려가면 어디든 결국 모든 것이 끝난다는 사실을 알고 있었다. 빙하에는 절망적인 눈보라가 몰아치고 있다. 삶과 죽음이 분간이 가지 않았다. 그러나 아무리 고통스러워도 아직은 숨이 붙어 있었다. 마치 누군가 자신을 도우려고 곁에 있는 것 같았다. 조금씩이라도 움직이고 있지 않은가. 그는 이미 자기 육체의 주인이 아니었다. 잠재의식이나 본능에 의해 움직일 뿐이다. 그것도 아니라면 그저 살아 있다는 것을 확인하고 싶은 몸부림일 뿐이다. 모든 게 부질없는 혼돈과 절망뿐이었다.

지금까지의 수많은 등반 경험이 이제 새로운 생존 전략으로 바뀌고 있다. 매 순간 지체하는 일 없이 본능적으로 방향을 바꾸고 손동작을 이어 나갔다. 그에겐 동물적인 감각만 쓸모 있었다. 자기 자신과 외부 세계를 연결하는 것, 자신에게 유일하게 남은 두 다리에만 온 신경을 집중했다. 살기 위해서, 하강하는 자에게 필요한 것은 오직 다리뿐이었다.

더 이상 죽음의 불안 따위가 끼어들지 못했다. 살기 위해서는 절대 자신을 저버릴 수 없었다. 그는 이제껏 자신의 우월함을 세상에 내보이려고 손에 넣기 어려운 봉우리들을 탐험해왔다. 뛰어난 산악인들조차 쉽게 도전하지 못하는 곳에 길이 있다는 것을 보여주려고 한 것이다. 그러나 알피니스트는 언제나 자신의 잘못된 판단에서 오는 남모르는 과오 속에서 죽음과 만나고 놀랍게 다시 태어난다. 그가 일상으로 돌아와 오직 자신만이 아는 죽음의 세계를 벗어났을 때 그는 이미 전과는 다른 사람이 된다. 다시 말해 체사레 마에스트리는 며칠 전 토니 에거와 함께 세로 토레 정상을 향해 떠났던 그 때 그 사람이 아니었다.

마에스트리는 언제나 혼자였고, 지금도 눈보라와 안개와 혼돈과 싸우고 있다. 그리고 여전히 환상 속에 갇혀 있었다. 친구가 떨어지고 죽은 것이 사실인가. 산은 여전히 험악하고, 얼음조각과 낙엽만 흩뿌리고 있다. 도대체 지금이 가을인가. 하지만 아침인지 밤인지조차 알 수 없었다. 그들이 힘을 합해 정상에 오르려고 했을 때는 가슴이 뛰었다. 하지만 이제는 모든 것이 사라졌다. 이제 불가능한 산을 오르는 것이 과연 가능한 일인지 더 이상 관심이 없었다. 지금은 오직 살아남기 위해 자신과 싸울 뿐이다.

드디어 산기슭에 왔다! 빙하의 갈라진 틈 사이를 건너뛰었다. 눈사태로 쌓인 눈덩어리가 깔때기처럼 패인 곳이었다. 여기가 끝인 줄 알았는데 밑으로 또 낭떠러지다. 이제 정말 죽을 수밖에 없는가. 그는 추락하며 다시 허공을 날아야 했다. 마에스트리는 세계에서 가장 어렵다는 산에서 나가 떨어져 드디어 마지막 운명과 만나는가.

그런데 몸이 가볍게 내려앉았다. 그는 마치 편안한 최후를 맞는 듯 의식을 잃었다. 눈더미 때문에 체사레 마에스트리는 산 것이다. 1959년 2월 3일이었다. 얼마 뒤 체사리노 파바Cesarino Fava가 세로 토레 기슭에서 눈 속을 헤매다 발견한 사나이는 토니가 아니고 체사레였다. 그는 거의 죽어 가고 있었다.

라인홀드 메스너

메스너, 토레의 수수께끼를 풀다

‘토레Torre’ 즉 ‘세로 토레Cerro Torre’는 남미 아르헨티나 파타고니
아 남부의 피츠로이Fitz Roy 산군에 있는 화강암 봉우리다. 남아메
리카의 등뼈인 안데스산맥은 누구나 알고 있는데, 파타고니아의
피츠로이 산군은 거리가 멀어 우리나라 산악인들에게는 아직 생
소한 곳이다.

세로 토레 정상

피츠로이 산군은 고도가 3,000미터 정도로 히말라야보다 낮은 편이다. 그러나 다른 데서는 찾아볼 수 없는 환상적인 분위기로 쉽게 인간의 근접을 허락지 않아 일찍부터 등산가들의 이목을 끌었다.

피츠로이 산군의 주역은 피츠로이와 세로 토레인 것은 두말할 것도 없으며, 두 봉우리는 유난히 돋보이는 침봉으로 서로 5킬로미터 가량 떨어져 있는데, 피츠로이가 세로 토레보다 300여 미터 높다. 그러나 등반 난이도로 보면 토레가 당연히 앞선다. 이것은 피츠로이가 1952년 프랑스 원정대에 의해 초등되고, 토레는 그 뒤 20여 년이 지나도록 미답봉으로 남아 있었던 것으로도 알 수 있다. 당시 리오넬 테레이는 토레를 바라보고 등반할 마음이 생기지 않는다고 그 첫인상을 말한 적이 있는데, 사실 오랫동안 세로 토레는 '불가능한 산'의 대명사처럼 되어 왔다.

그런데 오늘날 세로 토레가 그토록 많은 산악인들의 화제에 오른 것은 단순히 그 환상적인 분위기나 등반의 어려움 때문만은 아니다. 지난 50년대 '돌로미테의 거미'로 자타가 공인하던 이탈리아의 등반가 체사레 마에스트리Cesare Maestri가 세로 토레에 도전하고, 하산 길에 동료 토니 에거Tony Egger가 조난사 했는데, 그의 등정이 의문시 되면서 마에스트리에 대한 비난이 일었던 것이다. 1959년의 일이다.

그로부터 10년이 지난 1970년, 마에스트리가 130킬로그램이나 되는 무거운 컴프레서를 끌고 올라가, 수직이나 다름없는 화강암 벽에 구멍을 내고 볼트 하켄을 박았다. 즉, 기상천외한 등반을 감행한 것인데, 그랬음에도 불구하고 마에스트리는 세로 토레 정상에 오르지 못하고 뒤돌아 섰다.

문제는 등반방식에도 있었지만, 그것보다 1970년 마에스트리의 등반이 1959년의 등정을 증명하려는 목적으로 이루어졌다는 것이 더 문제였다. 자신을 향한 거센 비난을 해소하려고 했으면 당시의 초등 루트를 갔어야 했는데, 마에스트리는 새로운 루트를 새로운 방법으로 가다 실패했다.

체사레 마에스트리는 스스로 돌로미테의 거미라고 말할 정도로 바위에 강했으나 빙설벽에는 약했다. 그가 토니 에거를 끌어들인 것도 에거는 마에스트리와 달리 특히 빙설벽에 강했기 때문이다.

라인홀드 메스너는 등산계의 수수께끼를 풀 생각으로 마에스트리와 세로 토레의 문제를 파고들었다. 그는 30종에 가까운 관련 문서를 참고하며 세로 토레 현지에도 갔다. 그러나 메스너는 토레에 오르지는 않았다. 그의 관심은 지난 50년이라는 긴 세월 의혹 속에 잠겨 있는 비밀을 밝히려는 데 있었다.

따라서 이 책은 토레의 등반기가 아니며, 일종의 추리소설

끝이 달려 있는
마에스트리의 해머

같은 것이다. 그러나 이 책은 '픽션'이 아닌 역사적 사실만을 근거로 하고 있다.

반세기에 걸친 토레와 마에스트리의 의혹과 신비가 어떻게 풀리건 끝내 남는 것은 체사레 마에스트리라는 알피니스트는 어떤 인물인가 하는 문제. 그는 산악계에 보기 드문 이단자이며 반역자로 끝나는 것인가? 이에 대해 디노 부짜티Dino Buzzati는 마에스트리의 남다른 점은 '비범한 인간적 활기와 정신'이라고 잘라 말했다.

발터 보나티Walter Bonatti는 마에스트리보다 한 살 밑이었는데, 당시 마에스트리에 대해 전혀 관심이 없었다고 한다. 이에 반해 마에스트리는 보나티를 언제나 의식할 정도로 공명심과 인정 욕구가 강했다. 결국 피츠로이보다 낮은 세로 토레가 오늘날 파타고니아 피츠로이 산군의 맹주로 우뚝 솟은 것은 무엇보다도 유별난 알피니스트 마에스트리의 공인 셈이다.

이 책의 원제는 '토레 — 바위에서 나는 소리'다.

번역의 대본으로서 'Reinhold Messner; Torre‐Schrei aus Stein, Munchen 2009'를 썼다.

김영도

지구상에서 가장 어려운 봉 세로 토레

'돌로미테의 거미' 체사레 마에스트리. 자유등반의 달인으로 불렸던 그가 왜 세로 토레Cerro Torre, 3,128m에서 등정의혹을 증폭시키고 컴프레서를 동원한 혐오스러운 루트를 만들어 일생일대의 씻을 수 없는 오명을 남긴 것일까? 그는 세로 토레(이하 토레로 칭한다.)에서 처음엔 동료를 잃고 11년 뒤에는 명성마저 잃고 산악계의 이단자가 되었다. 그는 왜 이토록 토레에 집착한 것일까. 이 책은 이런 사건들을 역사적인 사실에 근거해 미스터리를 풀어내듯이 이야기한다.

　　어떤 과정을 거쳤건 간에 1959년의 마에스트리와 에거의 뛰어난 선구자적 시등이 바탕이 되어 15년 뒤에 토레의 초등정이 이루어진다. 수년간 등반 불가능이라는 판정을 받아왔던 난공불락의 요새 토레는 결국 1974년에 등정시비의 여지가 없는 최초의 완벽한 등반을 카시모 페라리가 마무리한다. 페라리는 4년 동안 이 산에 전력을 다했으며 산은 그에게 초등이란 선물로 보답했다. 그는 생전에 모두 합쳐 182일의 밤을 파타고니아 안데스에서 비박을 하며 수많은 산을 올랐으며 토레의 초등으로 '진정한 파타고니아인'이 되어 또 하나의 전설이 되었고 2001년 그곳에 영원히 잠들었다.

이 책은 지구상에서 가장 어렵다는 파타고니아 산군의 악명 높은 봉우리 토레의 등반 역사다. 등반 불가능이란 판정을 받아왔던 이 봉우리가 전 세계의 관심을 불러일으킨 것은 '돌로미테의 거미'라 불렸던 체사레 마에스트리의 공인 셈이다. 등정 의혹을 증폭시켰던 1959년의 첫 등반과 세계 산악계를 경악케 했던, 컴프레서를 동원한 1970년의 기상천외한 등반 방식, 그리고 이 봉우리를 중심으로 일어난 수많은 알피니스트들의 의혹에 쌓인 행적의 비밀을 이 책이 밝히고 있다.

이 책의 저자 메스너는 역사적인 사실을 근거로 토레의 비밀을 밝히고 있다. 토레는 피츠로이Fitz Roy, 3,405m보다 높이가 낮지만 피츠로이 산군의 맹주로 군림하게 된 것은 유별난 기행으로 이름을 떨친 마에스트리 덕택이다. 그는 과연 사기꾼인가, 가짜 영웅인가.

불가능의 대명사, 토레

'토레'는 남미 아르헨티나 파타고니아 남부의 피츠로이 산군에 있는 화강암 봉우리다. 우리나라 반대편에 위치한 이 산군은 접근성 때문에 히말라야나 알프스보다 우리에겐 덜 알려진 곳이다. 1993년부터 20여 년 동안 겨우 네 팀만이 이곳에 갔을 정도다. 1993년 검악산악회 팀의 피츠로이 정상 등정, 1999년 정호진과 주영이 남동릉의 마에스트리 루트로 12피치까지 진입 후 기상악화로 철수, 2002년 정승권 팀이 마에스트리 루트로 세로 토레 정상에 섰고, 2012년 한국산악회 여성 팀(대장 이명희)의 피츠로이 등정이 전부다.

세로 토레의 버섯 얼음

피츠로이 산군은 고도가 3,000미터 정도지만 높이보다 더한 어려움은 파타고니아 지역의 자연환경 탓이다. 극심한 추위, 화강암 벽에 얼어붙은 박빙薄氷, 얇은 얼음 막, 버섯 얼음으로 덮인 정상 능선, 가혹한 폭풍설이 수시로 몰아치는 환경 때문에 토레는 세계에서 가장 어려운 봉우리 가운데 하나로 손꼽혀 왔다. 사실상 1952년까지는 등반 불가능이라는 판정을 받아왔기 때문에 등산가들은 더욱 이 봉을 주목하게 됐으며, 첨예한 등반에 굶주리고 있던 등반가들이 자신의 능력을 과시하기 위해 더 없이 좋은 시험의 무대로 생각했다. 피츠로이 산군의 주역이 피츠로이와 토레인 것은 두말할 것도 없으며, 두 봉우리는 유난히 돋보이는 침봉으로 서로 5킬로미터 가량 떨어져 있는데, 피츠로이가 토레보다 400여 미터 높지만 등반 난이도로 보면 토레가 당연히 한 수 위다. 이것은 피츠로이가 1952년 프랑스 원정대에 의해 초등되고, 토레는 그 뒤 20여 년이 지나도록 미답봉으로 남아 있었던 사실만으로도 알 수 있다. 1952년 리오넬 테레이는 피츠로이를 오르면서 토레를 바라보고 등반할 마음이 생기지 않는다고 그 첫인상을 말한 적이 있다. 또한 그는 피츠로이 원정보고서에서 "우리는 토레를 보았다. 그것은 거의 등반이 불가능한 것처럼 거대한 기둥으로 홀로 서 있었다"고 썼으며, "많은 원정대가 이 산의 비인간적인 분위기로 인해 녹초가 되었고, 힘이 빠져 제대로 싸워보지도 못했다"고 했다. 사실 오랫동안 토레는 낮지만 보다 어려운 '불가능한 산'의 대명사처럼 되어 왔다.

초등을 증명하기 위한 기상천외한 재등再登

'돌로미테의 거미'로 불리던 유능한 등반가 마에스트리는 1959년 처음으로 이 봉에 올랐다고 했다. 그러나 함께 등반한 토니 에거는 눈사태로 실종되었고, 어디에도 초등의 증거는 없었다. 이후 토레를 향한 도전은 계속되었고, 마에스트리의 등정 의혹은 커져만 갔다. 1970년 12월 마에스트리는 기상천외한 방법으로 다시 토레를 오른다. 그는 모터와 컴프레서를 이용하여 100cm 간격으로 자그마치 350개에 달하는 볼트를 박았는데, 등반가라기보다는 건설노동자처럼 등반하면서 정상 아래 버섯 얼음 밑까지 올라갔다.

그러나 그는 결국 자신의 주장이 거짓이었음을 증명하고 만다. 그는 1959년의 초등을 증명하기 위해 재등을 시도했지만 초등 루트가 아닌 다른 길로 등반을 해서 초등을 증명하려고 했다. 알피니즘 역사상 다른 길로 올라 초등을 증명한 일은 없었다.

문제는 컴프레서를 쓴 등반 방식에도 있었지만 그것보다 1959년의 등정을 증명하려는 등반 목적이 더 문제였다. 그간 자신의 초등을 의심했던 자들의 비난을 해소하려는 것이 목적이었다면 당시의 초등 루트로 다시 올랐어야 했는데 마에스트리는 새로운 루트를 엉뚱한 방법으로 가다 실패한 것이다.

마에스트리는 1971년 컴프레서 등반 사건으로 하루아침에 명성을 날려버렸다. 그는 과연 어떤 인물인가.

토레를 오르기 전까지 마에스트리는 돌로미테에서 자유등반의 달인으로 명성을 떨쳤던 등반가였다. 당시 돌로미테에서 가장 어려웠던 마르몰라다 남서벽의 '졸다' 루트를 단독으로 등반했을 때 다른 등반가들은 경탄했고, 크로존 디브렌타의 비아넬 기드에서도 로프를 쓰지 않고 단독으로 하강하여 사람들을 놀라게 했다. 당시 그의 명성은 오늘날까지 인구에 회자되고 있을 정도다. 그의 등반 동작은 말 그대로 돌로미테의 거미와 같았다. 이에 대해 이탈리아의 신문기자이자 작가인 디노 뿌짜티는 마에스트리의 남다른 점으로 "자유롭게 등반하고 다시 내려온다"는 기본방침을 엄격하게 지키며 행동한다는 것을 꼽았다. 또한 "그의 등반 기술은 우리시대의 위대한 거장의 한 사람으로 타의 추종을 불허한다

체사레 마에스트리

고 했으며, 극도로 어려운 벽을 자유등반으로 오를 수 있는 등반가인 그와 비교될만한 사람은 없다"고 잘라 말했다. 이처럼 뛰어난 마에스트리가 왜 어처구니없는 등반을 했을까? 이에 대한 해답을 얻으려면 이 책을 끝까지 읽어보는 것만이 최선의 방법이다.

1954년 이탈리아 K2 초등 원정대에서 동료의 배신으로 좌절을 겪었던 발터 보나티와 원정대 선발 과정에서 위궤양으로 불명예스럽게 탈락한 마에스트리와의 반목관계도 흥미로운 읽을거리다.

피츠로이 산군의 등반사가 국내에서 번역된 것은 이 책이 최초다. 팩트 중심으로 엮어진 책은 역사교재를 읽는 것처럼 따분할 수 있다. 하지만 이 책은 다르다. 세계대전 후 알피니즘이 새로운 전기를 맞이하던 시기에 한 시대를 앞서가며 세계 등산계를 주도했던 낯익은 등반가들의 이야기가 등장하고 있어 흥미를 더해준다. 그 면면을 살펴보면 지면이 모자랄 정도다. 모리스 에르조그, 헤르만 불, 체사레 마에스트리, 토니 에거, 카시미로 페라리, 리오넬 테레이, 리카르도 캐신, 안데를 헤크마이어, 발터 보나티, 조 브라운, 돈 윌런스, 장 쿠지, 가스통 레뷔파, 루이 라슈날, 귀도 마뇽, 알렉산더 후버, 짐 브리드웰, 마크 트와이드, 워런 하딩, 콤파뇨니와 라체델리, 파울 프로이스 등 기라성 같은 알피니스트들이 이 책의 조역 또는 주인공으로 등장하여 많은 일화를 남기고 있다.

하루재클럽의 변기태 발행인이 보내준 라인홀드 메스너의 번역서 『세로 토레』를 받고는 쉬지 않고 책장을 넘겨 밤늦은 시간에는 이 책의 뒤표지 발문을 바라보게 되었다. 320쪽의 결코 얇지 않은 두께를 감안해보면 이 책이 갖고 있는 흡인력이 어느 정도인지 상상할 수 있을 것이다.

1971년 겨울, 지구의 반대편 산에서는 어떤 일이 벌어졌던 것일까?

여기에 대한 해답은 이 책을 읽어보면 안다. 무더운 여름밤 이 책을 손에 쥔다면 파타고니아의 폭풍설이 무더위를 식혀줄 것이라 믿고 일독을 권한다.

이 책은 라인홀드 메스너가 쓰고 김영도가 옮겼으며 '하루재클럽'의 변기태가 펴냈다. 발행인 변기태가 그동안 열망해오던 꿈은 자신이 직접 산악관련도서를 펴내는 일이었다. 이제 그 꿈을 실현하는 첫 행보를 내디딘 그에게 격려의 박수라도 보내야겠다. '하루재'는 인수봉을 바라볼 수 있는 전망대다. 하루재에 올라 인수봉의 높이를 넘어설 만큼 책의 높이를 쌓아나가길 기대해본다.

이용대

"도전의 역사를 다룬 가슴 벅찬 이야기"
「뉴욕 타임스」

Fallen Giants

히말라야 도전의 역사

모리스 이서먼·스튜어트 위버 지음   조금희·김동수 옮김
디 몰나르 그림(지도, 등반 루트 개념도)

등산은 지구상의 돌출된 부분을
올라가고 내려가는 막연한 개념이 아니다.
등산은
과거의 경험과 실험이 없었다면 존재하지 않는
역사라는 실체를 지닌 스포츠다.

어느 등산가의 죽음

1999년 5월 1일 정오 무렵 미국의 산악인 콘래드 앵커Conrad Anker는 에베레스트 북벽 8,230미터 지점의 경사진 이판암 바위 지대 한가운데 서 있었다. 그때 30미터쯤 떨어진 곳에서 하얀 어떤 것이 어렴풋이 그의 눈에 들어왔다. 그것은 눈과 같은 하얀색이 아니라 대리석과 같은 하얀색이었다. 그는 그것이 무엇인지 알아보러 다가갔다. 그는 자신이 보고 있는 것이 죽은 사람 ─ 그것도 아주 오래전에 얼굴을 산의 경사면에 댄 채 엎드려 죽은 사람 ─ 의 시신이라는 것을 알 수 있었다. 그 시신은 오른쪽 다리와 오른쪽 팔꿈치가 모두 부러진 듯 보였고, 맨손이었으며, 추락을 막으려 했던 듯 앞쪽으로 팔을 뻗고 있었다. 그의 허리에 감긴 면으로 된 낡은 로프가 한쪽 어깨에 얽혀 있었다. 한쪽 발은 맨발이었고, 다른 쪽 발은 징이 박힌 등산화를 신고 있었다. 등 쪽으로 불어오는 바람에 입은 옷은 찢겨 날아갔지만, 남아 있는 모직, 면직, 그리고 명주로 된 옷은 아주 오래전의 등산가들이 입던 스타일이었다. 그가 추락하던 날 입었던 셔츠와 재킷의 목깃이 목 주위에 남아 있었다. 한쪽 목깃 안에 "G. 맬러리"라고 쓰인 이름표가 붙어 있었다. 조지 맬러리George Mallory와 앤드루 어빈Andrew Irvine이 에베레스트 정상으로 향하다 실종된 1924년 6월 이후 무려 75년이 지나고 나서 마침내 맬러리의 시신이 발견된 것이다.

산악인이라면 모두 맬러리와 어빈의 도전에 깊은 경의를 표한다. 바로 그 존경심과 역사적인 호기심에서 1999년 수색 원정대가 조직되어, 맬러리의 시신을 찾는 성과를 거두었다. 앵커 일행이 맬러리의 시신을 촬영하고, 그의 주머니에서 유품을 꺼내온 것을 비판하는 사람들도 있다. 하지만 그들은 자신들이 할 수 있는 한 가장 정중하게 맬러리의 시신을 묻었다. 그들은 그의 시신을 바위로 덮고, 그의 무덤 옆에서 시편 103편을 낭송했다. "인생은 그날이 풀과 같으며 그 영화가 들의 꽃과 같도다. …"

등산의 역사는 문헌에 풍부하게 기록되어 있는데, 맬러리의 시신을 찾은 사건을 기록한 앵커와 데이비드 로버츠의 『사라진 탐험가The Lost Explorer』(1999) 역시 그중 한 부분이다. 수많은 등산가가 좋은 등산서적을 접하고 나서 등산을 시작하게 되었다고 말하지만 놀랍게도 이 문헌들을 직접 쓴 사람들은 등산가 바로 자신들이다. 등산이란 관중이 없는 스포츠이고, 특히 히말라야에서는 승리와 비극을 목격하고 기록할 유일한 사람이 바로 등산가 자신인 경우가 많다. 다행히 최고의 히말라야 등산가들 중 작가의 재능을 겸비한 사람도 많아서 독자들에게 큰 즐거움을 준다.

바로 이런 점 때문에 우리 두 명의 역사가는 히말라야 도전의 역사를 쓰는 작업을 하기로 결심하고도 한동안 망설였다. 우리 둘은 수십 년 동안 히말라야를 비롯한 여러 산을 오르고 트레킹도 했지만, 애석하게도 우리 둘 다 이 책에서 다룰 등산가들의 관록에 감히 견주어 볼 수조차 없다. 물론 우리 중 한 명이라도 8천 미터 급 고봉을 올라보았더라면 훨씬 더 좋은 책을 쓸 수 있었을 것

1932년 페어리 메도에서 바라본 낭가파르바트와 라키오트 빙하
(사진 출처: 독일 알파인 클럽)

이다. 그러나 우리는 그 대신 실수와 판단착오를 줄이기 위해 그런 위대한 일을 해낸 분들로부터 너그럽고도 정확한 조언을 받을 수 있었다. 이 책은 그분들의 도움이 아니었다면 쓰지 못했을 것이다. 케네스 메이슨Kenneth Mason의 『눈의 거처Abode of Snow』(1955)가 고전이 된 오늘날, 메이슨의 뒤를 이어 우리가 최초로 종합적인 히말라야 도전의 역사를 쓰는 작업을 시도하게 되었는데, 역사학자로서 우리가 얻은 지식과 안목으로 다소나마 특색 있는 책이 되기를 바란다.

이 책은 영국인 역사가 에릭 홉스바움Eric J. Hobsbawm의 시대 구분에 따라 '제국의 시대age of empire'부터 '극한등반의 시대 age of extremes'에 이르기까지, 즉 19세기 후반부터 현재까지의 히말라야 등반을 시간의 흐름에 따라 서술한 것이다. 우리는 케네스 메이슨과는 달리 모든 주요 히말라야 등반을 자세히 다루지는 않을 것이며, 그럴 수도 없을 것이다. 메이슨은 형편이 좋은 해라고 해봐야 1년에 대여섯 팀의 원정대가 2,400킬로미터에 달하는 히말라야 산맥 전 구간에 흩어져서 출발하던 시절에 책을 썼다. 반면 우리는 한 시즌에 같은 산, 같은 루트에서 대여섯 팀에 달하는 원정대가 등반하는 시절에 책을 쓰고 있다. 우리 책은 기존의 등산 백과사전이나 데이터베이스와 경쟁하지 않을 것이기 때문에 주목할 만한 여러 등반이 언급되지 않을 수도 있고, 책의 끝 부분에서 간단히 주석으로만 다뤄질 수도 있다. (네팔의 봉우리에 대한 보다 자세한 등반기록에 관심이 있는 분들은 리처드 살리스버리Richard Salisbury의 『히말라얀 데이터베이스—엘리자베스 홀리의 원정등반 기록 모음The Himalayan Database: The Expedition Archives of

Elizabeth Hawley』(미국 알파인 클럽, 2004)을 참고하기 바란다. 또한 히말라야 전역에서 이루어진 원정에 대해 알고 싶다면 런던의 알파인 클럽이 운영하는 "히말라야 색인The Himalayan Index" 웹사이트에서 목록을 찾아보기를 권한다. 주소는 http://www.alpine-club.org.uk이다.) 우리는 등산가와 등산의 방대한 목록 가운데 주목할 만하거나 그들이 활동하던 시대와 지역을 잘 나타낸다고 생각되는 내용을 추려 수록했다.

영국인 역사가 아널드 토인비는 한때 "역사는 '일련의 대사건'으로 이루어진다."라는 견해를 비판했다. 우리도 그와 같은 입장에서 등산의 역사가 '일련의 고봉 등정을 기록'한 것 이상이 되어야 한다고 주장한다. 등산이란 일상생활과 조금 먼 곳에서 이루어지는 도전이기는 하지만, 통틀어봤을 때 세상과 아주 동떨어진 것은 아니다. 우리는 빙하나 능선, 거대한 벽에 대한 도전뿐만 아니라 150년에 걸친 히말라야 등산에서 분명하게 나타나는 문화적 가치, 기대, 갈등의 역사도 추적하려 했다.

우리는 언제 누가 어떤 루트로 어떤 산을 올랐는지에 대한 실제 기록뿐만 아니라 그 도전을 규정짓고 지탱한 '원정 문화'에 주목하고자 했다. 즉, 등반일지와 원정보고서라는 주된 사료에 그치지 않고, 가능한 한 등산가들이나 그들의 지인을 직접 만나서 보다 광범위한 자료를 찾고 분석하려 노력했다. 정치가, 성직자, 군인, 예술가, 공예가 — 이들의 이야기는 정치, 지성, 문화, 사회라는 장르에서 다루어진다. — 처럼, 산을 오르내린 우리의 등산가들은 그들이 산 시대가 만들어놓은 역사적인 배우들이다. 예를 들어, 조지 맬러리는 여러 면에서 사회적으로 부적응을 보이기는 했지만 빅토리아 시대 후반의 전형적인 중류층 인물이다. 그는 윈체스터와 케임브리지를 졸업했으며, 자신을 글자 그대로의 영국 신사라 여겼고, 자신의 계층에게 주어지는 특권 또한 당연하게 받아들였다. 그는 에베레스트를 오르는 이유로 '산이 거기 있으니까'라는 유명한 말을 남겼지만, 1920년대에 그가 참가한 원정등반은 히말라야 개척지를 탐험하고, 조사하고, 결국에는 지배하고자 하는 노골적인 식민주의적 필요성에서 시작된 것이었다. 이처럼 우리는 이 책을 통해 히말라야 등산이라는 복잡한 활동을 시대적인 맥락 속에서 다양한 사건들과 연관 지어보고자 했다.

맬러리의 시대와 그 후 몇 년간에 걸친 에베레스트 등반에서 잘 드러나듯이, 제국주의 시대의 원정 문화는 모순에 가득 차 있었다. 원정 문화는 백인(유럽)의 유색인(아시아) 지배를 정당화하는 제국주의적 환상과 연관이 있었고, 영국의 공립학교와 영국군의 위계질서로부터도 많은 관행이 도입되었다. 한편 개인적으로 보면, 자신이 속한 사회에 적응하지 못한 낭만적 반항아로 고국에서 평범한 것을 통해서는 얻을 수 없는 정신적 목표와 자유를 산에서 얻으려 한 등산가도 많았다. 따라서 비판적으로 보면 원정 문화가 제국주의적 오만과 군사주의적 폭력에 공헌했다고 말할 수도 있겠지만, 우호적으로 보면 위험에 맞서 공동의 목표를 추구하는 과정에서 형성되는 강한 동료애와 타인에 대한 책임감 등 진정 존경받을 만한 자질도 원정 문화에 포함되어 있음을 알 수 있다. 과도한 상업적 개인주의로 물든 극한등반의 시대이며 위의 두 가지 가치가 혼재하는 요즈음, 과거를 돌아보면 그동안 많은 가치가 스러져 갔다는 것을 알 수 있다.

이 책을 읽는 독자들께 두 가지를 말씀드린다. 한 가지는 철자법에 대한 것이다. 같은 지명이라도 인도와 히말라야 지방에서는 매우 다양하게 쓰인다. 네팔 쪽의 에베레스트 아래에 자리한 불교 사원을 방문했던 최초의 서양인 중 한 명인 빌 틸먼은 『네팔 히말라야Nepal Himalaya』(1952)에서 그곳을 'Thyangboche'라고 칭했다. 1963년 미국인이 최초로 에베레스트를 올라갈 때의 철자는 'Thangboche'로 변해 공식 기록에 남아 있다. 대부분의 최근 저자들은 이를 '텡보체Tengboche'라고 쓰는데 역사적인 기록을 인용하는 경우를 제외하면 최근의 어휘를 채택한다는 원칙에 맞춰 우리도 이 책에서 그 용어를 사용했다. 반면 현행 철자법이 비록 언어학적으로 적절하다 할지라도 혼란을 야기하거나 독자들에게 생소할 경우 전통적인 철자법과 지명을 그대로 사용했다. 따라서 우리는 뭄바이 대신 '봄베이'를, 콜카타 대신 '캘커타'를, 쉴마 대신 '심라'를 사용했다.

히말라야 등산 문헌의 또 다른 변수는 산의 고도이다. 1953년에 영국 원정대가 에베레스트를 초등할 때는 해발 8,840미터라고 여겼지만, 10년 후 미국 원정대가 등정했을 때는 그 추정 고도가 8,848미터로 높아졌다. 오늘날은 대개 29,035피트 또는 8,850미터라 여기고 있다. 혼란을 피하기 위해 우리는 처음 산을 언급할 때 고도를 미터와 피트 두 가지로, 약어 또는 정자로 괄호 안에 쓰고자 한다. 따라서 우리는 세계에서 두 번째로 높은 산을 이 책에서 처음 언급할 때 'K2(8,611m/28,250ft)'와 같이 쓸 것이다. 이후에는 루트 및 산의 특징과 등반의 세부사항에 대한 설명에서 간략히 미터만 사용했다. 고도 추정치는 가장 최근의 것을 사용할 것이

1909년 K2 서벽 아래의 캠프. 비토리오 셀라 촬영.
(사진 출처: 폰다지오네 셀라)

고, 그 수치는 미국 알파인 클럽의 히말라얀 데이터베이스와 영국 알파인 클럽의 히말라야 색인을 인용했다.

이 책을 쓰는 동안 많은 사람이 우리를 도와주셨는데, 그 가운데는 이 책의 주인공이 된 분들도 있다. 찰리 휴스턴과 톰 혼바인, 닉 클린치, 이 세 분께 감사드린다. 이분들이 우리 일에 쏟아주신 너그러운 관심에 감사드릴 기회를 갖게 되어 기쁘다. 또한 등산가인 조지 밴드, 알린 블룸, 밥 코맥, 에드 더글러스, 노먼 다이렌퍼스, 존 에번스, 앤디 하버드, M. S. 콜리, 피터 레브, 몰리 루미스, 톰 라이먼, 짐 매카시, 마이크 모티머, 타모츠 나카무라, 빌 푸트넘, 리지 스컬리, 필 트림블, 크리스 워너, 짐 휘태커께서 주신 도움에 깊이 감사드린다. 특히 디 몰나르는 유명한 산악지도 제작자일 뿐만 아니라 우리가 묘사할 가장 극적인 등반, 즉 1953년 미국 K2 원정대에 참가한 대원으로서 이 책을 쓰는 데 기꺼이 도와주셨다.

등산의 역사와 문헌에 대해 조언을 주신 다른 분들은 빌 벅스턴, 그랙 글래이드, 짐 레스터, A. D. 모디, 해리엇 터키, 빌 울먼, 존 B. 웨스트, 프리즈 W. 윈터스텔러이다. 실리아 애플게이트는 뮌헨의 독일 알파인 클럽에서 우리 연구를 도와주셨고, 고맙게도 계속 독일어 통역을 해주셨다.

등산가와 등산역사가뿐만 아니라 기록 보관인들과 사서들에게도 많은 신세를 졌다. 우리가 속한 해밀턴대학과 로체스터대학 도서관 직원들에게 감사드리며, 애팔래치아 산악회와 영국 도서관, 케임브리지대학 도서관, 독일 알파인 클럽(뮌헨), 인도 국제센터의 히말라얀 클럽 도서관(델리), 막달레나칼리지 도서관(케임브리지), 내

셔널 지오그래픽 협회, 옥스퍼드대학 지질학 도서관, 왕립 지리학회, 스코틀랜드 국립 도서관의 관계자분들께 감사드린다. 특히 런던 알파인 클럽 도서관의 마거릿 에클스톤, 이본 시볼드, 바버라 그리거 테일러, 안나 로포드와 콜로라도 주에 있는 미국 알파인 클럽 도서관의 브리짓 버크, 프랜 힐, 개리 랜덱에게 감사드린다.

모리스 이서먼, 스튜어트 위버

땀, 눈물, 그리고 정성으로

2008년 봄이었다. 친하게 지내던 선생님이 재미있는 친구 한 분을 만나러 가자고 했다. 별달리 할 일도 없고 호기심도 나서 따라간 그날, 내 인생의 많은 것이 바뀌었다. 어떤 빌딩의 꼭대기 층으로 올라가니, 사무실 앞에 산을 다룬 잡지 더미가 보관되어 있었다. '산과 관련한 업체인가.' 사무실로 들어가니 고서들이 빼곡하게 꽂혀 있었다. '교수님 연구실인가'라고 생각했는데, 그 사무실 주인은 사업가란다. 그 분은 두툼한 책을 한 권 넘겨주셨다. 재미있어 보였다. 그 책을 번역 출판할 생각이라고 했다. 겉표지를 보니 히말라야 등산사란다. 38년 동안 살면서 한 번도 보지도, 듣지도 못한 분야의 책이다. 그래도 역사와 사회는 자신 있었다. 호기롭게 번역을 맡았다. 그리고 진땀과 눈물을 참 많이도 흘렸다. 용어와 지명을 우리말로 어떻게 읽는지 몰라서 진땀을 뺐고, 영어가 어려워서 눈물을 흘렸다. 멋진 문장을 우리말로 딱 떨어지게 옮길 수가 없어서 눈물이 났다.

　이 책 속에서 참 많은 사람들을 만났다. 조지 맬러리, 에드먼드 힐러리, 헤르만 불, 라인홀드 메스너 같은 등산가뿐 아니라 정치가, 지도 제작자, 탐험가, 페미니스트…. 수천 명의 이름이 내 보잘것없는 손끝을 거쳐갔다. 등산은 그저 산에 올라가는 것이라고 생각했는데, 이렇게 방대한 역사가 그 안에 있었다니. 솔직히 번역하기 전에는 몰랐다.

이 모든 것은 이 책의 저자들인 모리스 이서먼과 스튜어트 위버 덕분이다. 그들의 꼼꼼함에 진저리를 치며 번역을 하다 도망치기도 여러 차례였다. 이 두 사람의 장인정신이 이 모든 것을 가능하게 했다. 마음속 깊이 존경한다.

책을 번역하며 여러 인터넷 사이트를 찾아보고 참조했다. 우리말로 된 보석 같은 등산 웹사이트들을 알게 되었다. 등산과 관련한 정보를 나누려는 노력 위에 조그만 성과를 하나 보태어 기쁘다. 웹사이트에서 가끔 사소한 번역 오류들이 눈에 띄기도 했다. 나도 이번 책의 번역을 통해 그런 오류를 또 하나 보태는 것이 아닐까 두렵기도 하다. 나름대로 최대한 정확하게 번역을 해보려 노력했다. 그럼에도 불구하고 이 책에서 오류가 보인다면, 그것은 전적으로 부족한 역자 탓이다.

세상에는 산을 오르는 사람들이 있다. 그리고 산을 오르는 사람들을 지켜보는 사람들이 있다. 산을 올랐던 사람들에 대한 이야기를 읽는 사람들이 있다. 먼 길 떠날 때 그런 책을 가방에 넣고 가는 사람들이 있다. 이 책은 그 모든 사람들에게 도움이 되었으면 한다.

번역하는 데 도움을 주신 1977년 에베레스트 원정대장이자 전 대한산악연맹 회장이셨던 김영도 고문님께 감사드린다. 김영도 고문님께서는 따뜻한 조언을 해주셨으며 특히 해박한 독일어 실력으로 많은 도움을 주셨다. 전문 산악인으로 꼼꼼한 검수를 해주신 한국외대 산악회 김동수 선생님께도 감사드린다. 프랑스어 지명과 인명의 발음을 도와주신 이창용 선생님, 독일에서 오랫동안 살다 와서 도움을 준 박상현 학생과 폴란드어와 헝가리어 인명의 우리말 발음 번역을 도와주신 정희찬 학생의 아버님께 감사를 드린다. 그리고 기나긴 번역기간 동안 참을성 있게 기다려주시고, 이 모든 것을 가능하게 해주신 하루재클럽의 변기태 대표님께 감사드린다.

조금희

107일간의 고통과 기쁨

지금은 누렇게 색이 바랜 월터·언쉬즈의 『알프스의 北壁』. 30여 년 전 나는 이 책을 처음 만나고 나서, '100번을 읽자.'라는 생각을 했었다. 물론 그렇게까지 읽지는 못했지만, 30번 정도는 읽은 것 같다. 등산역사의 선구자들에게 다가갈 수 있는 이 책은 언제나 나에게 잔잔한 감동을 주었다.

『알프스의 北壁』과의 첫 만남 이후 30여 년이 흐른 지금, 『Fallen Giants』가 내게는 다시 100번을 읽고 싶은 책이 되었다. 등산의 역사를 정치, 경제, 문화의 배경과 함께 종합적으로 풀어낸 책은 이 책이 유일할 것이다. 『Fallen Giants』를 만난 것은 모두에게 엄청난 행운이다.

이 책 덕분에 거의 40여 년 만에 히말라야 도전의 역사를 다시 공부했다. 이제 도전과 모험을 할 수 있는 곳이 점점 줄어들면서 등산이 '인스턴트'가 된 오늘날, 역사적 선구자들이 경험한 모험의 세계로 가보는 것은 매우 흥미진진할 것이다.

이 책의 "5장 히말라야의 전성기" 중 "승리와 비극의 K2"를 보면 "두 사람의 생명이 위협받는 순간이었다. 휴스턴은 한순간 당황했지만 호주머니에서 꾀죄죄하고 부서지기 직전의 성냥을 아홉 개비 찾아냈는데, 두 개비는 버너가 켜지기 전에 꺼져버렸

1978년의 안나푸르나 북벽. 사진 오른쪽 상단의 어두운 부분이 '시클'이다.
(사진 촬영: 알린 블룸)

다. 아침에 세 개비가 또 꺼져버려 휴스턴과 페졸트가 7월 21일 7캠프를 출발할 때는 남은 성냥 네 개비에 모든 것이 달려 있었다."라는 문장이 나온다. 1938년 미국 K2 원정대에서 있었던 일이다. 사실 원서에는 총 개수가 9개비고, 세 번에 걸쳐 8개비(2개비+3개비+3개비)로 상황 설명을 해놓고 있었다. 이것은 명백한 숫자이기 때문에 문장으로 요령을 부릴 수 있는 것이 아니었다. 나는 휴스턴과 페졸트를 위해 총 개수를 8개비로 줄이지 않고, 남은 성냥개비에 한 개를 더 얹어주었다. 비록 정상 등정에는 실패했지만, 그들이 구슬픈 승리의 고함을 지르며 짙어가는 황혼 속에 7캠프로 돌아올 수 있었던 것은 아마도 내 덕분일 것이다.

『사이코버티컬』이 끝도 없는 분사구문으로 속을 썩이더니, 이 책은 처음부터 끝까지 수많은 등장인물과 역사적 사건, 수치가 날줄과 씨줄로 엉켜 있어 잠시도 긴장을 풀 수가 없었다. 문학적 표현이 문제가 아니었다. 오류를 범하기가 너무나도 쉬워 어떻게 하면 꽁꽁 숨어 있는 오류를 잡아내느냐가 더 큰 문제였다.

어느 날 시간의 흐름을 놓친 적이 있었다. 금요일이 공휴일로 낀 날이어서 사무실에 나 혼자 있었다. 그때 나는 4일 밤을 집에 들어가지 않을 생각으로 이미 하룻밤을 사무실에서 보내면서 재번역과 교정과 윤문에 매달리고 있었다. 갑자기 멍해지면서 무슨 요일인지 전혀 생각이 나지 않았다. 천천히 생각이 돌아오자 금요일이었다. 토요일과 일요일, 이틀 더 책에 매달릴 수 있는 시간이 있다는 것이 그때만큼 반갑고 고마운 적이 없었다. '바보 같으니라고', 나는 씩 웃었다. 그렇게 집에 들어가지 않고 침낭에서 모기와 싸운 날이 아마도 40일쯤은 되는 것 같고, 정말 107일간은 사투를 벌였다.

"There are other Annapurnas in the lives of men.(모든 사람의 인생에는 저마다의 안나푸르나가 있다.)" 모리스 에르조그의 이 말이 『Fallen Giants』를 한 마디로 나타내는 말일 것이다.

하루재클럽의 '산서 번역 출간'이 성공하기를 기원하며, 주위에서 격려하고 도와주신 많은 분께 감사의 말씀을 드리고 싶다.

김동수

Fallen Giants

인간의 도전에 무릎 끓은 거인의 이야기

이 책은 인류가 히말라야에 도전해온 통사적通史的인 기록이다. '유럽의 놀이터'에서 시작된 등산 활동이 '눈의 거처'로 옮겨지면서 이루어진 역사적인 기록이『Fallen Giants』다. 시대적으로는 1892년 제국의 시대부터 1996년 극한등반의 시대에 이르기까지 모든 기록을 이 한 권의 책에 엮었다.

한 세기 동안 인간의 부단한 도전에 '무릎 끓은 거인들' (Giants(거인들)은 히말라야의 8천 미터급 거봉들을 지칭)과 이들을 향해 투쟁해온 각 시대별 영웅들의 이야기가 여기에 있다.

이 책은 단순히 히말라야 중심의 등산역사뿐만 아니라 등산이 이루어졌던 각 시대의 사회·경제·정치·문화적인 배경과 지정학적 이해관계까지 언급하고 있다. 책 전반에 걸쳐 정치적, 사회적인 변화가 등산에 미친 영향에 대해 조명하고, 팀워크와 동료애를 강조했던 등산 문화가 점차 개인적인 명성과 영광을 위한 도전으로 바뀌어가는 과정을 명쾌하게 분석하고 있다. 또한 사실적인 등반기록은 물론 고봉등정을 했던 영웅들의 애환과 흥미로운 일화 모두를 파헤치고 있다. 1892년 최초로 히말라야 원정등반을 했던 마틴 콘웨이, 카라코람산맥을 선구적으로 탐험했던 패니 벌락 워크먼, 에베레스트의 낭만적인 순교자 조지 맬러리 등을 비롯

1951년 에드먼드 힐러리가 푸모리의 6,100미터 능선에 서서 쿰부 빙하와 늪체를
바라보고 있다. (사진 출처: 왕립 지리학회)

하여 많은 인물을 재조명하고 있다.

　　히말라야 등산의 역사를 시대별로 구분하면 1895년부터
1950년까지를 도전의 시기, 1950년부터 1964년까지를 황금기,

1970년부터 현재까지를 등정 일변도에서 등로주의로 전환하며 난이도를 높여가는 극한등반의 시기로 본다.

이 책은 언제 누가 어떤 루트로 어떤 산을 올랐는지에 대한 실제 기록뿐만 아니라 그 도전을 지탱한 '원정 문화'에 주목했다. 즉, 원정보고서라는 주된 사료에 그치지 않고 원정 관련 주변 인물들을 직접 만나서 보다 광범위한 자료를 찾고 분석했다. 이 책은 생생하고 명쾌한 역사서이지만, 까다로운 전문용어가 없어 전문가나 비전문가 모두가 쉽게 읽을 수 있다. 또한 철저한 고증을 통해 엄선한 자료가 풍부하게 실려 있다. 지구상에서 가장 높은 산맥인 히말라야에 대한 등산가들의 열정은 단순히 정상등정만으로 끝나지 않는다. 원정등반의 동기와 원정대가 맞부딪친 도전과 경험이 등산의 역사에 미친 영향은 히말라야와 등산을 사랑하는 모든 이들에게 흥미진진한 이야기꺼리를 제공할 것이다.

이 책의 저자들은 등산의 역사가 '일련의 고봉 등정을 기록'한 것 이상이 되어야 한다고 주장한다. 등산이란 일상생활과 조금 먼 곳에서 이루어지지만 세상과 아주 동떨어진 것은 아니다. 따라서 저자들은 거대한 산과 벽에 대한 도전뿐만 아니라 한 세기에 걸친 히말라야 등산에서 분명하게 나타나는 문화적 가치, 기대, 갈등의 역사도 추적했다.

좀 더 히말라야로 들어가 보자

눈雪, Hima의 거처居處, laya, 히말라야는 인더스강과 브라마푸트라강을 경계로 2,400킬로미터에 걸친 구간이다. 서쪽의 낭가파르바트에서부터 동쪽의 남차바르와에 이르는 지역이다. 그러나 아시아

지각판과 맞물리는 범위는 히말라야보다 훨씬 더 넓어서 대략 아프가니스탄에서 미얀마까지 걸쳐 있고 융기현상도 계속되고 있다. 오늘날까지도 인도 쪽은 티베트 쪽 지각을 1년에 5센티미터라는 무서운 속도로 밀어붙이고 있으며, 이로 인해 히말라야산맥이 1년에 1센티미터 정도씩 높아지고 있다. 히말라야 최고봉 에베레스트의 높이는 현재 8,850미터로 세계 최고봉이지만, 서쪽 끝에 있는 낭가파르바트의 고도가 아주 빠르게 높아지고 있기 때문에 언젠가는 낭가파르바트가 세계 최고봉이 될지도 모른다. 지표면과 성층권의 중간 지점까지 솟아오른 이 산들에는 생물이 자라지 않는다. 그러나 지질학적 의미에서 이 산들은 여전히 살아 있다. 히말라야는 상상을 불허할 만큼 거대하다. 인접한 카라코람산맥과 힌두쿠시산맥까지 포함하면 지구상에서 가장 거대한 지형이다. 세계에서 가장 긴 산맥은 남미의 안데스산맥이지만 분명 세계에서 가장 높은 산맥은 히말라야다. 그 북쪽 지역에서부터는 해발 평균 6,000미터 고도로 이어지며, 해발 8,000미터가 넘는 고봉 14개를 거느리고 있다. 히말라야에는 해발 7,620미터가 넘는 산이 30개 이상 있다. 이에 비해 서반구 최고봉인 아르헨티나의 아콩카과Aconcagua, 6,962m는 상위 200위 안에도 들지 못한다. 극지방을 제외하면 히말라야에는 '눈의 거처'라는 이름에 걸맞게 세계에서 가장 큰 빙하지대와 그로 인해 생성된 가장 깊은 골짜기들이 있다. 또한 히말라야는 인더스, 갠지스, 브라마푸트라강의 원류이며 이 세 강의 유역에는 세계 인구의 1/6이 살고 있다.

어느 등산가의 죽음

1999년 5월 1일 에베레스트 북벽 8,230m 지점. "인생은 그날이 풀과 같으며 그 영화가 들의 꽃과 같도다." 이 날 실종 75년 만에 시신으로 발견된 한 등산가를 매장하는 추도식 자리에서 낭송된 시편 103편이다. 그 주검의 주인공은 1924년 에베레스트 3차 원정에서 전설을 남긴 채 사라진 영국의 산악 영웅 조지 맬러리이다. 이처럼 이 책의 서문은 에베레스트의 망령이 된 조지 맬러리와 어빈의 죽음으로부터 시작된다. "산이 거기에 있기 때문에"라는 명언을 남기고 정상 부위 구름 속으로 영원히 사라진 맬러리의 시신 발견 이야기가 이 책의 첫머리를 장식한다. 정상으로 떠나기 전날 맬러리는 오델에게 "바람이 전혀 불지 않고 일이 되어가는 상황이 희망적입니다."라고 쓴 메모를 남겼다. 1924년 6월 8일, 그날의 날씨는 별로 춥지 않았다. 12시 50분, 두 사람을 지원하기로 한 오델이 6캠프 못 미친 지점에서 정상을 살펴보고 있을 무렵 하늘이 맑아지면서 정상 부근 능선이 완전히 드러났다. 오델의 시선이 작고 검은 점에 꽂혔다. 그 점은 능선의 바위 계단 아래쪽 눈 덮인 부근에서 검은 실루엣으로 보였다. 그 점이 움직이고 나서 곧 다른 검은 점이 움직이더니 두 점이 합쳐졌다. 오델은 이렇게 전했다. "첫 번째 점이 거대한 바위 계단으로 접근했고 곧 그 위로 올라갔다. 두 번째 점도 그렇게 했다. 그러고 나자 그 환상적인 광경이 구름에 가려 사라졌다." 그 뒤로 이 두 사람을 본 사람은 아무도 없었다. 이것이 이 두 사람의 마지막 모습이다.

히말라야 원정의 첫 문을 열다

히말라야 최초의 원정등반은 1892년 마틴 콘웨이의 카라코람 원정이다. 그는 히말라야 등반의 첫 문을 연 중요한 인물이다. 이 원정은 머메리의 낭가파르바트 시도보다 빠르다. 그는 프랭크 스마이드와 같은 스타일의 등반방식을 취했으며, 머메리를 무척 존경했다. 윔퍼의 안데스 원정대를 모방하여 1892년 카라코람 지역에 대한 원정대를 조직하여 스리나가르로부터 길기트에 들어가 히스파르Hispar와 발토로Baltoro 빙하지역을 답사하고 지도를 제작했으며, 파이오니어피크(6,790m)를 추르브리겐과 함께 등반하여 5,970m까지 도달한다. 그는 카라코람 일대에 있는 2개의 거봉에 브로드피크(8,047m)와 히든피크(8,068m)라는 산명을 붙인다. 브로드피크는 알프스의 브라이트호른Breit Horn과 비슷해서 영어와 같은 뜻인 '폭이 넓은 봉Broad Peak'이란 이름을 붙인 것이며, 히든피크는 가셔브룸 산군의 여러 고봉에 가려져 발토로 빙하 깊숙이 거슬러 올라가야 볼 수 있기 때문에 '숨어 있는 봉우리Hidden Peak'로 이름을 붙인다.

시대적인 맥락으로 본다면 이 시대의 원정등반은 히말라야 개척지를 조사하고 탐험하며 미개척지를 지배하려는 식민주의적 필요성에서 시작되었다. 이처럼 제국주의시대 서구열강들의 원정 문화는 서구 백인들의 아시아 유색인 지배를 정당화하려는 제국주의적 환상과 모순으로 연관 지어져 있었다. 1909년 이탈리아 아브루치 공의 K2 원정도 같은 맥락으로 볼 수 있는 원정이다.

에베레스트를 향한 대영제국의 집착

히말라야의 최고봉으로 알려진 산은 1856년 대인도 삼각 측량 조사에서 원래 높이보다 약간 낮은 8,840미터(29,000피트)로 측량된 이후 아마도 세계에서 가장 높은 산일지 모른다는 점에서 그 당시 지형학적인 호기심의 대상이 되었다. 이 산은 발견과 동시에 서양인들의 상상력을 사로잡았다. 1857년 영국에서 알파인 클럽이 창립되자 회원들은 곧바로 고도 문제와 더불어 과연 지구의 최고봉에 오를 수 있는지, 그 가능성을 검토하기 시작했다. 이후 영국은 1921년에 첫 원정대를 파견했고 이로부터 초등이 이루어진 1953년까지 32년 동안 10회에 걸친 긴 도전의 역사가 이어진다. 1922년 2차 원정에서는 산소기구를 사용하여 8,320m까지 진출했고, 1924년의 3차 원정에서는 맬러리와 어빈의 실종으로 그 결과를 확인할 수 없었다. 이후 네팔의 개방과 함께 1953년에 에드먼드 힐러리와 텐징 노르가이가 마침내 정상에 선다.

수확의 기쁨 누린 히말라야 황금시대 개막

히말라야의 어느 봉에서나 수확의 기쁨을 누리던 시대는 1950년부터 1964년까지다. 인류가 8,000m를 최초로 등정한 것은 안나푸르나다. 이로서 히말라야의 황금시대가 개막된다. 『초등 안나푸르나』는 히말라야 등반 역사상 가장 큰 성공을 거둔 원정기다. 이 책은 원정대장 모리스 에르조그가 병원에서 동상치료를 받으며 구술한 내용이다. 이 원정기는 1951년 처음 출간된 이후 수십 개국의 언어로 번역되고 천백만 부 이상 팔린 등산문학의 고전이다. 그는 이 책으로 인해 세계적인 명사가 된다. 이 책의 마지막 문장 ― "모든 사람의 인생에는 저마다의 안나푸르나가 있다.There are other Annapurnas in the lives of men." ― 은 등산 역사상 맬러리의 "산이 거기 있으니까" 이래로 가장 유명한 문장이 되었다. 이 책은 이제 시대를 뛰어넘은 고전이 되어 아직도 많은 독자들로부터 사랑받고 있다.

안나푸르나 초등 이후 8천 미터급 14개 고봉이 차례로 등정된다. 1953년엔 에베레스트와 낭가파르바트가 영국과 독일/오스트리아에 의해, 1954년엔 K2와 초오유가 이탈리아와 오스트리아에 의해, 1955년엔 칸첸중가와 마칼루가 영국과 프랑스에 의해, 1956년엔 로체, 마나슬루, 가셔브룸2봉이 스위스, 일본, 오스트리아에 의해, 1957년엔 브로드피크가 오스트리아에 의해, 1958년엔 가셔브룸1봉이 미국에 의해, 1960년엔 다울라기리가 스위스에 의해, 1964년엔 동서냉전시대의 장막 속에 갇혀 있던 시샤팡마가 195명으로 이루어진 대규모 중국 원정대에 의해 마지막으로 등정된다.

8,000m에서 이루어진 최초의 단독등반

1953년 7월 4일 오후 2시. 헤르만 불은 단독으로 낭가파르바트 정상에 선다. 그 후 41시간 만에 체력이 바닥나고 동상에 걸린 상태로 동료들이 기다리는 5캠프로 돌아온다. 3일 후엔 베이스캠프로 내려왔다. 이 원정대는 고소포터 부족으로 캠프 설치에 많은 시간을 소요했기 때문에 정상 공격을 시작할 때는 몬순이 불어 닥쳤다. 기상이 악화되자 대장은 정상 공격을 중지하고 캠프를 철수하라고 지시했으나 다시 기상이 호전되자 불, 에르틀, 프라우엔베

1953년 낭가파르바트의 헤르만 불 (사진 출처: 독일 알파인 클럽)

르거, 켐터 등 4명은 대장의 명령에 불복한 채 정상 공격을 결정한다. 5캠프까지 이들과 함께 오른 불이 단독으로 정상 공격에 나섰다. 정상으로 향하던 그는 7,820m 지점에서 흥분제 두 알을 먹고 드디어 오후 2시 낭가파르바트 정상에 선다. 이후 하산 과정은 너무나 극적인 드라마였다. 두 차례의 비박을 하고 혈액순환을 돕기 위해 다량의 혈액순환 촉진제를 복용한 그는 환청과 환각상태에 시달리면서 하산 길을 재촉, 빈사의 상태로 5캠프에 도착하여 에르틀의 도움을 받는다. 죽음을 극복하고 베이스캠프로 귀환한 그에게 보여준 대장의 태도는 냉랭했다. 퇴각 명령을 어기고 등정한 행위가 대장의 비위를 상하게 했기 때문이다. 대장 자신이 의 사임에도 동상에 걸린 발가락을 치료해주지 않았다. 이후 그는 동상 후유증으로 발가락 두 개를 절단한다. 1954년 불은 『8000m의 위와 아래』라는 독자적인 등정기를 출간한다. 그러나 이 등정기는 대장의 사전 동의 없이 발표되었다 하여 대장인 헤를리히코퍼는 법원에 소송을 제기한다. 이로 인해 불은 오랫동안 심적 고통을 받는다. 원정대 출발에 앞서 대원들은 원정이 끝난 뒤 등반에 관한 글을 발표할 때는 대장의 동의를 얻어야 한다는 계약서에 서명했기 때문에 대장은 저작에 관한 계약 위반을 빌미로 불을 궁지에 몰아넣었다. 대장과 대원 사이의 이런 불미스러운 법정소송은 대장의 명성에 먹칠을 했다. 모리스 에르조그가 쓴 원정기의 멋진 끝맺음과는 달리 헤를리히코퍼의 원정기는 "아홉 명의 대원 가운데 여섯 명이 내 편이었다"로 궁색한 끝맺음을 하고 있다.

새로운 시대의 새로운 인물 보닝턴과 메스너

경사가 세고 바위와 얼음으로 뒤덮인 3,300미터의 안나푸르나 남벽은 매우 어려운 곳이어서 오랫동안 어느 누구도 도전할 생각을 하지 못했다. 그러나 세월이 흐르면서 많은 것이 변했다. 8천 미터급 고봉 14개 모두가 초등되고, 1963년 새롭고 어려운 에베레스트 서릉(혼바인 쿨르와르)루트가 개척됨으로써 심리적인 장벽이 무너졌다.

　점차 등산가들은 눈 덮인 능선을 따라 정상에 올라가는 쉬운 길보다 더 어려운 도전을 시도할 만한 위대한 루트를 찾기 시작했다. 이전의 등반은 가장 쉬운 루트로 오르는 것이었으나 보닝턴의 꿈은 가장 어려운 벽으로 오르는 것이었다. 그건 히말라야 등반의

1976년 난다데비 3캠프의 난다데비 언소울드
존 에번스 촬영

새로운 개념이었다. 1970년 보닝턴 원정대가 성공시킨 남벽 등반은 히말라야 등반에 도래할 새로운 시대를 예고하는 것이었다. 이 등반이 갖는 등반사적인 의미는 히말라야에서 이룩한 최초의 거벽 등반이라는 점이다. 당시 이 등반의 일원으로 참가했던 돈 윌런스는 오늘날 전 세계 클라이머들의 표준장비가 된 '시트 하니스'를 고안했고, 이것은 그에게 상당한 수입을 가져다주었다. '윌런스 시트 하니스'는 우리나라 산악인들도 70년대에 널리 사용한 익숙한 장비다. 당시 보닝턴은 6,000m 위에서 31일을 보내면서 원정대를 진두지휘했다.

1970년 6월 히말라야 등반에서는 또 하나의 획기적인 사건이 일어났다. 라인홀드 메스너가 동생 귄터와 함께 4,500m 높이의 미등 루트인 루팔 벽을 통해 낭가파르바트 정상에 선 것이다. 메스너는 그날의 쾌거를 시작으로 가장 위대한 히말라야 등산가로서의 명성을 쌓아가게 된다. 그는 낭가파르바트를 시작으로 자이언트 14전봉 등정의 역사를 이룩한다. 나중에 메스너는 이때의 경험을 "내 인생을 결정지은 순간"이라고 했다.

극한등반의 시대, 개탄할 상황

20세기 후반에는 동료에 대한 의무감과 대장에 대한 복종심이 점차 사라졌다. 더 노골적으로 말하자면, 그들은 함께 등반하는 것을 통해 '무엇'을 얻을 수 있을 것으로 기대하지도 않았다. 1970-1980년대에 뛰어난 히말라야 등산가였던 존 로스켈리는 인터뷰에서 이렇게 말했다. "확보를 하지 않을 때는 로프를 풀어놓습니다. 그것이 제1의 규칙입니다. 그래야 제가 다른 대원들을 죽이지 않고, 다른 대원들도 저를 죽이지 않습니다."

　한때는 서로를 보호해주는 끈끈한 결속의 상징이던 로프가 이제는 자기가 필요할 때만 사용하는 것이 되고 말았다. 옛 등반 문화가 점차 빛을 잃다가 결국 사라지면서 히말라야 등산가들은 상징적 의미로만 남아 있던 로프를 풀어버렸으며, 동료의식도 점차 사라져갔다. 등산가들은 단독 등반을 통해 명성을 얻기 시작했고, 전문 가이드들은 분명한 사업으로써 미리 돈을 받고 아마추어 동호인 집단을 히말라야의 고봉으로 데리고 가며 수많은 희생자를 내고 있다. 서로를 비난하고 서로의 말에 반박하는 불신풍조가 등산계에 점차 뿌리를 내려갔다. 가장 개탄할 상황은 1996년에 일어났다. 에베레스트 정상 부위에서 기상이 악화되자 한꺼번에 8명이 목숨을 잃었다. 이 사건은 당시의 처절한 경험을 생생히 써낸 존 크라카우어의 『희박한 공기 속으로』라는 정직한 기록에 의해 세상에 알려진다.

　나는 등산역사물 읽기의 필요성에 대해 미국의 등산사가登山史家 제임스 램지 울먼의 말을 빌려 그 중요성을 대신하려고 한다. "등산은 지구상의 돌출된 부분을 올라가고 내려가는 막연한 개념이 아니다. 등산은 과거의 경험과 실험이 없었다면 존재하지 않는 역사라는 실체를 지닌 스포츠다."라는 말을 곱씹어 보아야 한다. 과거의 경험과 실험이 없었다면 지금과 같이 발전된 등반은 기대할 수 없기 때문이다. 그래서 등산의 역사를 살펴보는 것은 중요한 일이라 하겠다. 우리는 과거의 경험으로부터 성장하기 때문에 더욱 그렇다.

　이 책의 후기를 보면 알 수 있듯이 역자는 677쪽에 달하는 방대한 분량의 책을 번역하면서 얼마나 고군분투했는지 알 수 있다. '땀, 눈물, 그리고 정성으로'라고 그 고통을 실토했으며, 정갈하게 뒷마무리를 해준 김동수는 "107일간의 고통과 기쁨"이라고 그 어려움을 실토했다. 아마도 이 책을 번역하면서 역자는 히말라야에서 고산증세에 시달리는 것 이상의 고통을 감내했을 것이다.

발행인 '하루재클럽'의 변기태 대표에게도 박수를 보낸다. 상업적인 채산성을 넘어선 산서 발간의 의지가 오래도록 지속되었으면 하는 것이 모든 산악인들의 바람이기도 하다. 우리들 몇몇이 하는 우스갯소리가 있다. "산서 출판 오래하면 가산 탕진한다." 그러나 변 대표만은 이런 상식에서 예외이길….

    1892년부터 1996년까지 1세기 동안 히말라야에서는 어떤 일이 벌어졌던 것일까? 이에 대한 해답은 이 책을 읽어보면 안다. 책 읽기에 다시없이 좋은 등화가친의 계절이다.

이용대

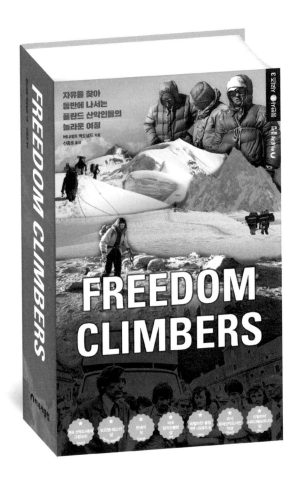

폴란드인들의 등반은
격렬한 고통과 동의어였으며,
목표 달성을 향해 가혹한 처벌을 뚫고 나가는
고산에서의 탁월성이
폴란드 산악인들의 능력이었다.

그녀는 손에 맥주를 들고 바에 서 있었다. 첫인상은 온화했다. 그녀는 자신을 숭배하는 팬들에게 둘러싸여, 험한 날씨로 거칠어진 손을 써가며 이야기하고 있었다. 등산에 대한 이야기겠지, 하고 나는 추측했다. 그러나 진정한 이야기는 그녀의 얼굴에 쓰여 있었다. 웃음과 고소의 강풍으로 만들어진 잔주름이, 진하게 우려낸 에스프레소 같은 눈 주위를 둥글게 감싸고 있었고, 넓은 앞이마는 곱슬곱슬 대걸레마냥 마구 헝클어진 진갈색 머리칼이 아무렇게나 덮고 있었다. 그 강인한 폴란드인의 턱이 벌어질 정도로 그녀의 웃음은 유쾌했다.

내가 다가가자 그녀가 힐끔 쳐다보았다. "안녕하세요. 맥주 드실래요? 반다예요."

나는 물론 반다 루트키에비츠Wanda Rutkiewicz를 알고 있었다. 지구를 반 바퀴나 돌아서 이곳 프랑스 리비에라Riviera의 산악 영화제에 온 이유 중 하나가 바로 그녀를 만나는 것이었다. 앙티브Antibes는 아름다운 곳이지만, 12월에는 꼭 그렇지도 않았다.

그날 밤 우리는 영화를 보지 않았다. 대신 우리는 극장 로비에 있는 바에 남아, 웃고 떠들며 서로가 아는 사람들에 대한 이야기를 나누었다. 그녀는 2년 전 로체(8,516m) 남벽에서 사망한 폴

란드 최고의 알피니스트 예지 쿠쿠츠카Jerzy Kukuczka에 대해 이
야기했다. 호감을 주었던 그 거인은 반다와 가까운 친구였다. 나
도 그를 두 번 만났었다. 한 번은 그가 칸첸중가(8,586m) 동계등반
을 마치고 돌아온 카트만두에서였고, 또 한 번은 무려 3시간 동안
이나 점심을 함께 먹은 이탈리아 북부에서였다. 우리는 쿠르티카
Kurtyka, 딤베르거Diemberger, 커랜Curran 같은 다른 사람들에 대해
서도 이야기를 나누었다. 많은 이야기, 많은 웃음 그리고 많은 맥
주….

　　반다 옆에 서 있을 때 나는 그녀의 가냘픈 몸매에 놀랐다. 이
런 몸으로 무거운 배낭을 어깨에 메고 산을 오르다니! 그녀는 거
의 말라 보인다 싶을 정도로 날씬했다. 턱만 빼고. 물론 거칠고 힘
센 손도 빼고.

　　그녀의 옷차림 역시 뜻밖이었는데, 나는 이 폴란드 스타로부
터 강한 인상을 풍기는, 약간은 지저분하지만 세련미 있는 복고풍
을 기대했었다. 잘은 모르지만 '어떤' 무엇인가는 있었다. 그녀는
평범하면서도 전혀 어울리지 않는 양모와 면으로 된 스웨터를 겹
겹이 껴입고 있었다. 물론 다울라기리(8,167m) 원정에서 돌아온 지
얼마 되지 않았기 때문에 파티드레스는커녕 쉴 시간도 제대로 없
었을 것이다.

　　밤이 깊어가자 나는 속내를 털어놓았다. 나는 그녀에게 다음
번의 밴프 국제 산악영화제Banff Mountain Film Festival에서 개막식
연사가 되어달라고 요청했다. 이것은 그곳 이사로서 내 업무 가운
데 하나였다. 그녀는 흔쾌히 승낙했다. 그런 다음 우리는 곁에서
서성이던 메리온 페이크Marion Feik를 바라보았다. 조금 보수적인

반다 루트키에비츠가 등반이라는
스포츠에 도전하고 있다.

그녀는 반다의 매니저였다. 우리 셋은 다시 이야기를 나누었고,
반다의 1992년 11월 캐나다 방문에 합의했다.

두어 시간이 지나자 관객들이 영화관을 썰물처럼 빠져나갔
지만, 우리는 여전히 바에 서 있었다. 우리는 마실 것을 다시 유리
잔에 채우고 텅 빈 로비에 있는 낡은 가죽의 팔걸이의자로 향했
다.

"자, 버나데트Bernadette, 내 계획을 들어볼래요?" 하고 반다
가 입을 열었다. "나는 이걸 꿈의 여정The Caravan of Dreams이라고
부를 거예요."

"재미있네요."

"여성 최초로 8천 미터급 고봉 14개를 모두 오르는 사람이

되려고 해요. 알죠? 난 지금까지 8개를 올랐어요. 나머지를 오르고 싶어요."

"글쎄요. 만약 그걸 해낼 수 있는 사람이 있다면, 그건 분명 당신일 거예요."

"18개월 안에…."

"뭐라고요? 진짜예요? 정말 진지하게 생각한 건가요? 난 그게 가능하다고 생각지 않아요."

"아니, 아니, 가능해요. 그렇게 하면 난 고소적응 상태를 계속 유지할 수 있어요. 알겠어요? 그렇게 산에서 산으로 빨리 움직이면 더 유리해요."

나는 유리잔을 내려놓고 몸을 앞으로 기울였다. "반다, 신중하게 생각해요. 그렇게 하지 못할 거예요. 그건 위험한 계획입니다. 혹시 다른 사람과 이 계획을 진지하게 의논한 적이 있나요? 다른 산악인들, 그들은 뭐라고 하던가요?"

나는 강력하게 반대했다. 내가 비록 8천 미터급 고봉을 등반한 적은 없지만, 이 계획은 확실히 비이성적이었다. 이제껏 이렇게 한 사람은 없었다. 8천 미터급 고봉 등정은 시간이 걸렸다. 라인홀드 메스너Reinhold Messner와 예지 쿠쿠츠카만이 14개를 모두 해냈을 뿐이다. 왜 그렇게 서두르는지, 쌓이는 피로를 어떻게 할 것인지, 나는 물었다.

메리온은 동정의 눈빛을 던졌다. 그녀는 이미 이러한 반대 의견을 들었을 것이다. 그것도 아주 여러 번. 눈빛만으로도 나는 그녀가 내 말에 동감하고 있다는 것을 알 수 있었다. 그러나 목표를 정하는 사람은 메리온이 아니었다. 이것은 반다의 계획이었다.

그리고 그녀는 서두르고 있었다.

"이제 거의 쉰이에요." 그녀가 머리를 쓸어넘기며 말했다. "걸음이 느려지고 있어요. 고소적응도 예전 같지 않아요. 그래서 전략적일 필요가 있고, 산을 함께 묶어야 해요. 아마 할 수 있을 거예요. 날씨만 따라준다면…"

나는 더 이상 반대하지 않았다. 그녀와 논쟁을 해봐야 아무 소용이 없을 것이다.

우리는 그다음 몇 달 동안, 그녀의 원정 사이사이에 서로 연락을 주고받기로 했다. 그녀가 나에게 자신의 소식을 전해주면, 나는 그 소식을 언론에 알리면서 그녀의 캐나다 방문을 홍보하기로 했다.

그다음 해인 1992년 봄, 카트만두에서 칸첸중가로 출발하기 직전, 반다는 항공우편을 보내왔다. 만약 성공한다면, 아홉 번째 8천 미터급 고봉 등정이 되는 것이다. 굳은 마음의 그녀는 확신에 차 있었고, 해낼 수 있기를 열렬히 바라고 있었다. 나는 행운을 빌어주었다.

그러나 반다는 돌아오지 않았다.

그로부터 2년 뒤, 나는 폴란드의 공업도시 카토비체Katowice에서 폴란드 산악인들의 영화제 준비를 도와주고 있었다. 영화제는 대성공을 거두었다. 수백 명의 열정적인 사람들이 몰려들어 친구들과 재회하고 영화를 감상했다. 폴란드의 겨울은 혹독하기로 정평이 나 있지만, 분위기는 전기에 감전된 듯 짜릿했다. 나는 이 냉혹한 산업 불모지의 산악계 규모에 놀랐다. 산악인들은 강인했으며, 어느 정도는 거칠면서도 진지했다. 나는 그들에게 호기심을 느꼈다.

영화제가 끝나자 몇몇 산악인들이 나를 폴란드등산협회 Polish Alpine Association의 카토비체 지부 사무실로 초대했다. 유리 창문이 근처의 공장 굴뚝에서 나온 찌꺼기들로 얼룩진, 눅눅하고 우중충한 건물이었지만, 그 안은 푸근하고 밝았다. 보드카도 많이 있었고, 넘치는 에너지는 록 공연장에 비할 바가 아니었다.

그곳에는 히말라야에서 살아남은 위대한 폴란드 산악인들이 여러 명 있었다. 자바다Zawada, 비엘리츠키Wielicki, 하이제르Hajzer, 르보프Lwow, 마이에르Majer, 파브워브스키Pawłowski 그리고…. 나는 그들의 역사를 알고 있었다. 그들은 특별했고, 선구적이기까지 했다. 그들의 눈빛이 그것을 말해주고 있었다. 그들은 거대한 산군에서 신루트를 개척하는 데 두려움을 느끼지 않았고, 지구의 가장 높은 산들이 있는 곳에서 가혹한 동계등반을 추구하는 데 따르는 ─ 자주 성공을 거두기는 했지만 ─ 고통을 아랑곳하지 않았다.

그러나 그 사무실 안에는 손에 잡힐 듯 말 듯한 슬픔도 흐르고 있었다. 자신이 사랑하는 산에서 생명을 잃은 사람들이 여러 번 입에 오르내리는 것을 나는 애써 외면할 수 없었다. 예지 쿠쿠츠카가 그중 한 명이었고, 반다가 또 다른 한 명이었다. 나는 그두 사람에 대해 존경심을 표시했다. 그리고 비록 잠깐 동안이었지만, 그 두 사람을 안 것은 행운이었다고 말했다. 그들은 가볍게 미소 지으며 고개를 끄덕였다. 그런데 반다에 대해서는 뜻밖의 이야기가 나왔다. "그녀에게 빠졌군요." 그들 가운데 한 사람이 말했다. "그녀에겐 다른 면이 있었어요. 무척 까다롭고 계산적이었지요. 터프했다고나 할까요, 마치 황소처럼."

나는 그렇지 않다고 말했다. 물론 그녀는 자신의 라이프 스타일을 유지하기 위해 터프할 필요가 있었을 것이다. "맞아요, 사실입니다." 또 다른 산악인이 인상적인 콧수염을 쓸어내리며 거들었다. "하지만 그녀는 너무 거칠게 밀어붙였어요. 언제나 싸웠죠. 어려운 상대였습니다. 경쟁적이었고…. 우린 그녀를 좋아했지만, 그녀는 그걸 모르는 것 같았어요. 자신이 외톨이라고 생각했죠. 그녀는 우리를 멀리했어요. 하지만 우리는 반다를 사랑했답니다."

"쿠쿠츠카는 어땠나요?" 내가 말을 돌렸다. "그도 싸우기를 좋아했나요?"

"아니, 아니오. 예지는 그럴 시간이 없었어요. 그는 등반에 너무 바빴어요. 잠시 방해받긴 했죠. 알잖아요? 라인홀드 메스너와의 등정 경쟁. 두 사람 모두 8천 미터급 고봉 14개를 최초로 완등한 사람이 되고 싶어 했죠. 그러나 그는 돌아왔어요. 일단 그것을 끝내고. 그는 진정한 등반, 즉 거대한 벽으로 돌아왔지요."

"그러나 그것이 그를 죽음으로 내몰았습니다." 하고 내가 말을 받았다.

"예, 그건 사실입니다. 하지만 그는 폴란드 최고의 진정한 산악인이었죠."

그들은 중앙정부가 산악인들을 이해하고 지원해준 ─ 적어도 몇몇 사람에게는 ─ 옛날의 공산주의 시절이 끔찍하기는 했어도 좋았다면서, 시대의 변화에 대해 이야기했다. 그들은 히말라야에 가기 위해 갈고 닦은 기업가적 수완을 자랑스럽게 말했다. 산악인들은 산에서뿐만 아니라 직장에서도 목숨을 걸어야 했다. 그들은 카토비체의 스카이라인을 특징짓는 지저분하고 불안한 공장의 굴뚝에 매달려 청소를 하고 페인트칠을 했다. 그것은 위험천만한 일이었다. 그들은 추락의 위험도, 유해한 작업 환경도 기꺼이 감수했다. 사무실 안에 있는 사람들은 넌지시 밀수를 암시하며, 수익이 매우 짭짤했다고 속삭였다. 그러나 시대가 변하면서, 그들은 이제 자신들을 자유경제의 폴란드에서 소외된 불필요한 집단처럼 느끼고 있었다.

우리가 마침내 사무실을 떠난 것은 새벽 3시였다. 우리는 가로등도 없는 침침한 거리를 걸어갔다. 추위가 뼛속까지 파고드는 어둠 속이었지만, 나에게는 파티의 열기가 여전히 남아 있었다.

캐나다로 돌아와서도 나는 종종 카토비체의 그날 밤을 회상했다. 나는 그들의 위대한 등반 이야기와 앞으로의 계획, 그리고 지금은 없지만 좋아했던 친구들에 대한 소중한 자료들을 수집했다. 반다와 다른 사람들에 대한 엇갈리는 평가는 다소 당황스러웠다. 영웅 같은 그들 중 몇몇은 내가 상상했던 것보다 훨씬 더 복잡했다. 특히 반다는 내가 경험한 그녀의 온화함과 새롭게 알게 된 모호한 초상을 일치시키기가 어려웠다. 시간이 흐르면서, 나는 새로운 사실을 깨달았다는 생각을 떨쳐버릴 수 없었다. 그것은 향수가 어려 있는, 쓰고 달콤한 어떤 독특한 기념 같은 것이었다. 이미 지나가버린 시대인 폴란드의 히말라야 황금시대.

나는 잔인한 폴란드 근대 역사에 대해 깊이 생각하게 됐다. 60년 동안의 무차별적인 폭력과 탄압 그리고 거대한 격변과 기적적인 부활. 이 치밀하게 결속된 산악계는 과연 어떤 능력으로 그와 같은 절망적인 정치 현실과 공존하면서 히말라야 최고의 알피니스트들을 배출해낼 수 있었을까, 나는 잘 이해할 수 없었다. 고

바르샤바에 모인 1974년 로체 원정대. 왼쪽에 있는 사람이 대장 안드제이 자바다.
오른쪽 두 번째에 있는 보이텍 쿠르티카가 심각한 표정을 짓고 있다.

난의 시대가 그들의 야망을 담금질했을까? 아니면, 그들을 거칠
게 만들어 극기주의stoicism를 훈련시켰을까?

그리고 지금, 폴란드에서의 삶은 다소 긍정적인 방향으로 또
다른 격변기를 맞이하고 있다. 나는 폴란드 산악인들의 대응이 궁
금했다. 더 편해진 삶은 그들의 등반 능력을 강화시킬까, 아니면
방해할까?

카토비체에서의 그날 밤 이후, 시간이 훌쩍 지나가버린 지금
까지 이러한 궁금증이 머릿속을 떠나지 않았다. 나는 결국 더 깊
이 알아보기로 했다. 폴란드가 히말라야 등반에서 선두로 나서는

역사와 그 시대의 위대한 산악인들의 인간적인 모순을. 반다는 진정 어떤 사람이었을까? 비록 국가가 만들어내기는 했어도 그 안에 가두어둘 수 없었던, 이 대단한 사람들의 마음과 생각 속으로 그녀가 나를 이끌어줄 수 있을까?

이것은 자유를 찾아 등반에 나서는 폴란드 산악인들의 놀라운 여정을 그린 이야기다.

버나데트 맥도널드

폴란드 산악인들의 등반은 일반적인 서유럽 국가 산악인들의 등반과는 차이가 있는 것 같다. 잔인하다고까지 할 수 있는 폴란드의 근대 역사, 즉 소련과 독일의 틈바구니에서 국토를 유린당하고 핍박 받았던 고난의 시대를 살면서도 폴란드 산악인들은 등반을 향한 야망과 열정을 키워나갔다. 전쟁과 가난이라는 악조건 속에서 폴란드 산악인들은 물량 공세나 셰르파, 고정 로프 또는 보조 산소 없이 위대한 등반을 이루어냈다. 그리하여 자유를 찾아 모험하고 도전한 이들의 순수한 알피니즘은 고귀하고 아름답다. 자본의 흐름에 충실한 고산등반의 현실 앞에서 진정한 알피니즘과 순수한 등반을 고민하는 많은 산악인들에게 이 책이 큰 의미를 갖는 이유이다.

사실 이 책의 초반부에서 나는 전혀 예상하지 못한 경험을 했다. 프리드리히 A. 하이에크Friedrich A. Von Hayek의 『노예의 길 The Road to Serfdom』(1943년)이 떠오르면서 그 책을 읽기 전에 이 책을 먼저 읽었다면 어땠을까 하는 생각이 들었던 것이다. 물론 두 책은 출간 시기에 있어 60년 이상의 차이가 있고 내용상으로도 당연한 시대적 차이가 존재한다. 그러나 아이러니하게도 폴란드의 등반 역사가 망라된 이 책으로 인해 나는 『노예의 길』에서 보앴던 정치, 경제, 전쟁 등의 시대적 환경을 보다 잘 이해할 수 있었다. 그런 의미에서 이 책은 폴란드인들의 등반뿐 아니라 정치, 경제 상황까지 폴란드 근대 역사를 이해하는 데 도움이 된다.

이 책의 저자 버나데트 맥도널드 여사는 폴란드가 히말라야 등반에서 선두로 나서는 역사와 그 시대의 위대한 산악인들의 인간적인 모순을 깊이 있게 파헤치고자 했다. 그리고 마침내 이렇게 말한다. 폴란드 산악인들은 특별했고 선구적이었다. 그들은 거대한 산군에서 신루트를 개척하는 데 두려움을 느끼지 않았고, 지구의 가장 높은 산들이 있는 곳에서 가혹한 동계등반을 추구하는 데 따르는 고통을 아랑곳하지 않았다.

폴란드 속담에 이런 말이 있다. "산에서 머문 이들을 잊어서는 안 된다. 그들은 모닥불 옆에서 밤을 지새우며 높은 산길을 수호했다. 당신이 지나고 싶은 그 산길을. 그들의 도도한 인내를 미친 짓이라 부를지 모르지만, 당신 또한 꿈을 키우던 과거를 돌아보아야 하거늘⋯. 산에서 머문 사람들을 서둘러 잊어서는 안 된다. 그들의 영원한 결심을. 당신이 버린 막연한 길을 여전히 그들이 이어줄지도 모른다."

신종호

이 책의 저자 버나데트 맥도널드Bernadette McDonald는 10여 권의 산악도서를 저술한 산악관련 전기 작가다. 지난해에 발간된 『엘리자베스 홀리』가 우리나라에 처음 소개된 그녀의 책이며, 이 책이 두 번째다. 그녀는 산악도서 작가로 해외에 그 필명이 널리 알려진 인물이다. 그녀는 지난해 울진 산악영화제에 심사위원장으로 참가했으며 폴란드 등산협회, 히말라야 클럽, 한국산서회韓國山書會 명예회원이다.

그녀의 대표작으로 평가받고 있는 이 책『프리덤 클라이머스Freedom Climbers』는 폴란드 히말라야 등반의 황금시대를 이루어낸 등반가들을 주제로 한 이야기다. 이 책이 그녀의 대표작으로 평가받을 만한 이유는 충분하다. 이 책은 밴프 산악도서 축제 그랑프리, 보드맨 태스커상, 먼데이상, 미국 알파인 클라이머상, 히말라얀 클럽 케쿠 나오로지상, 파시 국제산악도서전 대상, 이탈리아 시타디베르바니아상 등 7개 부문의 상을 휩쓸었고, 9개국에서 출간될 정도로 널리 알려져 있기 때문이다. 등반기록의 최고 반열에 올라와 있는 그녀가 각고의 노력을 기울여 잘 풀어낸 폴란드 등산가들의 중요한 역할을 알려주는 매력 넘치고 흥미 진지한 이야기가 바로 이 책에 있다.

이 책은 소련과 독일의 틈새에서 국토를 유린당하고 핍박의 시대를 살면서 등반을 향한 열정을 키워나간 폴란드 등산가들의 이야기를 다루고 있다. 제2차 세계대전 이후 핍박과 억압의 정치 상황 속에서 벗어나 히말라야 등반의 절대강자로 부상하는 폴란드 등산가들의 모험에 관한 사실적이고 심장이 멎는 듯한 이야기들이 흥미진진하다. 비록 그들이 전쟁으로 얼룩진 환경에서 살았고, 희망을 꿈꿀 수 없는 의미 없는 삶을 사는 듯 보였으나, 야심차고 숙련된 폴란드 등반가들은 공산주의 체제 앞에서 그들만의 자유를 향한 야심만만한 등반을 펼쳐 냈다. 전쟁과 가난이라는 악조건 속에서 그들은 맨땅에 헤딩하는 식의 저돌적인 용기와 투지로 물량 공세나 셰르파, 고정 로프, 보조 산소 없이도 풍요로운 자본을 바탕으로 한 서유럽권과는 전혀 다른 방식의 위대한 등반을

로체의 3캠프(7,400m)에서 날씨가 좋아지기를 기다리고 있는 타덱 표트로브스키와
보이텍 쿠르티카(1974년 폴란드 추·동계 원정대)

펼치는 데 성공했다. 또한 그들은 히말라야의 가혹한 환경에서 동계등반을 추구하는 데 서슴없이 앞장서 나갔고 신 루트를 개척했다. 막대한 경비가 필수조건이 되는 고산등반의 현실 앞에서 진정한 알피니즘과 순수한 등반을 고민하는 많은 산악인들에게 이 책이 큰 의미를 갖는 이유는 바로 여기에 있다.

폴란드 국민이 철의 장막에 갇혀 있던 시절 용감무쌍한 몇몇 폴란드 등반 슈퍼스타들은 극한의 모험을 찾아 알래스카, 남미, 유럽의 산을 찾았고, 아프가니스탄, 인도, 파키스탄과 네팔을 그들의 무대로 만들면서 세계적인 히말라야 강자로 거듭난다.

서구권에 비해 히말라야 진출이 늦었던 그들이 단 몇 년 만에 히말라야에서 초강대국이 된 바탕에는 몇 가지 눈여겨 볼만한 점이 있다. 폴란드 정부는 선전도구로 산악인들의 업적을 대내외적으로 자랑했으며, 산악인들은 그 선전도구를 칭송했다. 또한 정부는 최고의 산악인에게 상장과 메달을 수여하여 사기를 진작시키는 등 등반 정책을 정치의 일환으로 펼쳐왔다. 이런 정부의 정책에 편승한 산악인들은 히말라야로 발걸음을 옮기는 데 조금도 주저하지 않았다.

이 책의 11장 ― 강철로 담금질하다 ― 을 읽어보면 폴란드 등산가들이 특별히 강한 기질을 갖게 된 이유를 알 수 있다. 그들은 "혹독한 어린 시절이 그들의 성공 배경이라고 풀이한다. 어렸을 때 너무 곱게 자라면 고통을 인내하는 힘을 잃어버리게 되기 때문"이라고 폴란드 등산가들과 함께 등반을 경험한 멕시코의 등산가 카를로스 카르솔리오는 말했다. 또한 그들의 등반은 "격렬한 고통과 동의어다. 목표를 향해 가혹한 처벌을 뚫고 나가는 탁월

로체 남벽 1캠프 위쪽을 올라가고 있다.

성"이 그들의 등반 모습이라고 평한 아메리카 알파인 저널의 편집장 벡위스의 평도 귀담아들을 만하다.

자이언트 17개의 완등을 이루어낸 폴란드의 거인 예지 쿠쿠츠카(이하 유렉)의 '히말라야 묵주'의 마지막 구슬은 시샤팡마였다.

그는 메스너보다 9년이나 뒤늦게 출발한 시점에서 선두주자인 메스너를 추격해 11개월 늦게 14봉 완등을 마무리했으니 그 놀라운 추진력과 집념에 갈채를 보내지 않을 수 없다. 두 거인의 연보를 살펴보면 메스너는 1970년에 시작하여 1986년 로체를 마지막으로 14개 고봉을 완등하기까지 16년이 걸렸고, 쿠쿠츠카는 메스너보다 9년이나 뒤늦은 1979년에 시작하여 1987년 시샤팡마를 마지막으로 마무리할 때까지 8년이 걸렸다.

유렉이 14고봉 완등을 마무리하고 돌아오자 한 통의 축하전보가 그를 기다리고 있었다. "당신은 제2인자가 아니다. 당신은 참으로 위대하다." 메스너가 경탄하면서 보낸 축하 인사였다. 역시 고수만이 고수를 알아보는 법이다.

사실이 그랬다. 고산에서 그의 기록은 메스너의 기록과 비교해보아도 결코 둘째가 아니었다. 왜냐하면 그는 이 위업을 달성하는 데 매우 스포츠적인 스타일을 고집했으며, 누구의 말처럼, '더 어려운 방식'을 택했고 등반 소요기간도 반으로 줄였다. 그가 펼친 경쟁 방식이 메스너의 것보다 한 수 위에 자리하고 있었다. 그가 8천 미터급 고봉들을 신 루트로, 혹은 혹한의 겨울철에 등반한 것은 진정한 승리자가 될 수 있는 결과물이었다.

히말라야의 겨울 산을 누볐던 동계등반의 맹장 안드제이 자바다의 리더십 또한 주목하지 않을 수 없다. 그는 1980년 2월 17

일 가혹한 겨울환경을 극복하고 사상 최초로 에베레스트 동계초등을 성공시킨다. 자바다 사단師團의 크지슈토프 비엘리츠키와 레섹 치히는 열악한 장비를 가지고 겨울등반을 성공시켰다. 충분치 못한 자금력 탓에 그들은 광부용 헬멧과 용접공용 고글을 쓰고, 집에서 부인이 만들어준 나일론 아노락을 입고, 아이거 밑에서 주워온 스투바이 피켈과 여러 곳에서 주워온 카라비너와 피톤을 사용했으며 낡은 외투를 개조해서 만든 바지를 입었다. 아이젠도 변변치 못해 왼쪽 발은 10발, 오른 쪽은 마터호른 밑에서 주워온 12발 아이젠을 신고 맨주먹 정신으로 등반을 성공시켰다. 이어 두 사람은 동상에 걸린 발을 이끌며 뒤로 또는 옆으로 걷고 무릎으로 엉금엉금 기기도 하며 혼신의 힘을 쥐어짜서 하산을 마무리했다. "불행하지만 우리 폴란드인들은 살아남은 패배자보다 죽은 승리자가 되기를 더 좋아한다."고 한 아르투르 하이제르의 말이 폴란드인들의 기질을 잘 대변해준다.

그러나 이들이 이룩한 사상 최초의 동계등반에 대해 방해꾼이 나타났다. 당시 동계등반 규정은 2월 15일까지였다. 메스너는 폴란드 팀이 이틀을 넘겼다고 해서 무효라고 주장하다가 산악계의 여론이 폴란드 팀을 응원하자 이내 꼬리를 내리고 폴란드 팀의 동계 에베레스트 등정을 인정한다.

같은 해 5월 안드제이 자바다 사단의 안드제이 초크와 유렉은 에베레스트 남쪽 필라를 통하여 5급 상당의 신 루트를 개척하는 쾌거를 이룩한다. 유렉은 당시 상황에 대해 "8천 미터에서 5급 상당의 수직에 가까운 바위장벽을 돌파한다는 것은 소름이 돋을 정도로 무서웠다. 너무나 무서워 어느 순간 나도 모르게 오줌을

K2에서의 반다.(1982년) 그녀는 여전히 목발을 짚고 있다.

K2 베이스캠프의 보이텍 쿠르티카와 예지 쿠쿠츠카(1982년)

지렸다.”라고 말했다.

　가셔브룸4봉 서벽에서 등로주의의 전형을 보여준 보이텍 쿠르티카는 한때 유렉의 환상적인 짝이었으나 유렉이 ‘14정상 수집’을 위한 메스너와의 경쟁에 뛰어들자 결별을 선언한다. 두 사람은 한때 세계를 놀라게 한 등반업적을 이룩한 파트너였다. 그들은 1983년 가셔브룸2봉 동봉 초등과 횡단등반을 했고 가셔브룸1봉 남서벽 초등을 1개월(6월 23일~7월 23일)만에 마무리한다. 또 1984년 7월 13일부터 17일까지 브로드피크 서쪽 립을 초등하고 북봉과 중앙봉 주봉을 최초로 횡단 등반하는 강력한 환상의 파트너였다.

　동서냉전시대 폴란드가 낳은 ‘철鐵의 여인’ 반다 루트키에비치도 빼놓을 수 없다. 등산을 위해 두 번 이혼한 경력의 그녀는 평범한 인생을 거부한 채 산을 통해 자아실현의 길을 걸어갔다. 1978년 그녀는 일본의 다베이 준코, 중국의 판톡에 이어 에베레스트를 오른 세 번째 여성이자 유럽 최초의 여성 그리고 폴란드 최초의 등반가가 된다. 그녀는 남성들에 의지해서 등반하는 것을 거부했으며 “산은 남성들의 전유물이 아니다. 여성들만으로 조직된 등반대가 바람직하다.”라는 쇼비니즘적인 입장을 고집하며 성차별에 맞섰다. 1985년 반다는 여성들로 꾸려진 원정대를 이끌고 낭가파르바트에 도전하여 5명의 대원 중 1명만 빼고 등정에 성공한다. 반다의 낭가파르바트 등정은 여성 알피니즘의 기념비적인 성취로 평가받고 있다. 그녀는 1986년 K2에서 대참사가 일어났을 때 고소캠프에서 악천후에 갇혀 있다 하산 도중 C1에서 한국 팀을 만나 도움을 받은 일이 있었다. 1989년엔 한국을 방문하

트랑고 타워의 보이텍 쿠르티카

여 한국 산악인들과 인수봉을 등반하고 강연회를 열기도 했다. 결국 그녀는 1992년 칸첸중가 등반 중 8,200m 지점에서 마지막으로 목격된 후 실종되었지만 산에 대한 집념은 실로 대단했다.

1982년 K2 원정에서 보여준 투혼은 열정의 화신 그 자체였다. 그녀는 발목골절상으로 목발을 집고 150킬로미터의 험난한 발토로 빙하지대를 망가진 목발을 몇 개씩 바꾸어가며 힘들게 걸어 올라 기나긴 어프로치를 마무리하는 처절한 모습을 보여주기도 했다.

자이언트 14봉 완등의 타고난 전사戰士 크지슈토프 비엘리츠키, 표트르 푸스텔닉 등은 강철처럼 담금질된 등반가들이다. 크지슈토프는 의기양양한 승리감에 도취되지 않았다. 그는 메스너, 유렉, 에라르 로레탕 그리고 카를로스 카르솔리오에 이어 다섯 번째로 히말라야의 왕관을 차지한 사람이기 때문이다.

저자는 이 책에서 자유를 찾아 산을 오르는 폴란드 등반가들의 극적이고 경이로운 여정을 매우 사실적이고 매력적으로 담아내고 있다.

지금까지 우리는 메스너와 하벨러 같은 개인적인 스타를 제외하고 폴란드인들이 1980-1990년대 세계 산악계를 지배해왔다는 사실을 알지 못했다. 동구권 산악인들의 실체에 대해 너무나 과문했다. 이 책을 통해 그들의 활약상을 살펴보는 것은 보람찬 일이라 하겠다.

부록으로 실린 "폴란드 히말라야 주요 등반기록(1971~2013년)"도 히말라야 등반사를 일람一覽할 수 있는 중요한 정보다.

이용대

에베레스트 정복

전설적인 초등 당시의 오리지널 사진집

꽃의 계곡

세상에서 가장 아름다운 난다데비 산군에서의
등산과 식물 탐사의 기록

CAMP SIX

에베레스트 원정기의 고전

지은이   조지 로우(George Lowe),
          휴 루이스 존스(Huw Lewis-Jones)
옮긴이   조금희
펴낸곳   하루재클럽
분야   등산 > 등반기
펴낸날   2015년 11월 2일
판형   218×269 양장본
쪽수   244쪽
가격   59,000원
ISBN   978-89-967455-2-5 03900

지은이   프랭크 스마이드(Frank S. Smythe)
옮긴이   김무제
펴낸곳   하루재클럽
분야   등산 > 등반기
펴낸날   2016년 6월 21일
판형   125×225 양장본
쪽수   528쪽
가격   43,000
ISBN   978-89-967455-4-9 03690

지은이   프랭크 스마이드(Frank S. Smythe)
옮긴이   김무제
펴낸곳   하루재클럽
분야   등산 > 등반기
펴낸날   2017년 10월 13일
판형   125×205 양장본
쪽수   452쪽
가격   33,000
ISBN   978-89-967455-9-4 03900

THE CONQUEST OF EVEREST

에베레스트 정복

전설적인 초등 당시의 오리지널 사진집

| 조지 로우, 휴 루어스 존스 글쓴 | 에드먼드 힐러리 경 서문 | 조갑제 옮김 |

에베레스트 초등

60주년
기념

사진 163점 수록
흑백 101장·컬러 62장

뭔가를 더 두려워할수록
대상이 더 커 보이는 경우가 있지만
자연스럽게 그 공포감은 관리, 극복, 조절되며
진실로 원하면 자신을 이겨내게 된다.

이 프로젝트는 에베레스트 초등 50주년을 기념하는 자리에서 처음으로 제안되었다. 조지 로우George Lowe의 다정한 친구 에드먼드 힐러리 경Sir Edmund Hillary은 에베레스트에서의 경험을 책으로 발간하겠다는 조지의 생각을 즉각 지지해주었을 뿐만 아니라 바쁜 가운데에서도 흔쾌히 서문을 써주었다. 그리고 이 글은 힐러리 경이 쓴 마지막 글이 아닐까 생각한다. 이것은 오랜 산 친구에 대한 그의 마지막 우정의 표시였을 것이다.

조지는 최근 몇 년 동안 자신의 건강이 나빠졌음에도 언젠가는 이 책을 발간하겠다는 숙제를 늘 갖고 있었다. 조지는 이제 곧 90세 생일을 맞이하게 된다. 에베레스트의 친구들이었던 조지 밴드George Band와 마이크 웨스트매컷Mike Westmacott이 최근 타계했다. 1953년의 대원들 가운데 이제 조지만 남았다.

조지의 집 계단 아래에 있는 배낭에는 깔끔하게 접힌 오리털 재킷과 모직 스웨터들이 들어 있다. 그 옆에는 유리 슬라이드와 빛바랜 사진들, 먼지가 쌓인 신문 스크랩들, 편지 꾸러미, 일기와 지도들로 넘쳐나는 나무 상자들이 있다. 피켈은 문 옆 우산꽂이에 꽂혀 있고, 조지의 책상에는 조그만 회색 돌이 하나 있는데 주의해서 보지 않으면 이 소중한 물건을 그냥 지나쳐 버리기 쉽다. 이것은 에베레스트 정상에서 가져온 돌이다. 수백만 년 전에 해저를 이루고 있었을 석회암이 지구의 압력에 의해 저 높은 곳까지 밀려 올라 간 것이다. 힐러리는 돌 몇 개를 재킷 주머니에 넣고 사우스 콜로 내려와 그것을 조지에게 제일 먼저 주었다. 그가 돌아올 때 조지는 기진맥진한 친구를 위해 따뜻한 레모네이드 음료를 큰 컵 가득 가져왔고, 그를 부축해 안전한 텐트로 데려갔다. 나중에 고 국에 갔을 때 힐러리는 이 특별한 돌 중 하나를 어머니에게 선물 했더니, 그의 어머니는 이 돌을 은 목걸이에 박아 넣어서 늘 목에 걸고 다녔다.

역사가들이 자신들이 숭배하는 사람들을 직접 만나는 것은 흔치 않은 일이다. 조지는 에베레스트에서의 위대한 업적에도 불

1953년 에베레스트 원정대 단체사진. 셰르파와 등반조가
모두 4캠프로 돌아온 다음 포즈를 취했다.

1951년 첫 히말라야 원정에서 힐러리가 무쿠트파르바트 사면 아래쪽
아무도 가지 않은 계곡의 능선을 올라가고 있다.

구하고 오랫동안 '잊힌' 사람이었다. 에베레스트에서의 그의 업적
은 그 후 그곳에서 일어난 정상 등정의 성공 또는 사고와 갈등에
만 사람들의 이목이 쏠리면서 간과되었다. 아마 그가 자신의 역할
에 너무 충실했기에 잊힌 것이 아니겠느냐고도 생각해본다. 그는
눈과 얼음에서는 등반의 달인이었다. 힐러리와 텐징이 정상에 오
른 5월의 그 날, 그는 이 최후의 2인조가 성공하는 데 핵심적인 역
할을 했다.

　이 책은 그의 이야기이다. 새로운 세대가 1953년의 원정을

다시 돌아보고, 겸손한 원정대원들의 승리 — 매일매일의 기록이 역사가 된 — 를 알려주기 위한 목적으로 쓴 책이다. 원정대원들은 돌아와서 자신들의 이야기를 했고 충만한 삶을 살았다. 그들 중 최고가 조지 로우이다. 그는 재미있는 사람이고 다른 사람들을 위해 자신의 시간을 아끼지 않았으며 삶을 긍정적인 자세로 대하고 자신의 성공에 대해 겸손했다. 그들의 성공으로 우리들의 기대치가 높아졌다. 조지는 네팔의 셰르파들을 위해 헌신하고자 했던 힐러리를 도와서 영국 히말라얀 트러스트의 설립자이자 초대 회장이 되었다. 히말라얀 트러스트는 이 책의 판매가 셰르파들의 미래를 위해 더 많은 기금을 모을 수 있는 계기가 되기를 바란다. 특히 솔루 쿰부Solu Khumbu의 아주 가난한 가정에서 태어난 똑똑한 학생들에게 학자금을 지원하는 로우 장학금에 도움이 되었으면 한다. 이 일은 전직 교사였던 로우가 정말 하고 싶어 했던 일이다.

이 책은 진정한 선물이다. 이 책을 만드는 데 적극적으로 도움을 준 조지의 부인 메리Mary와 아들들, 친척들, 세계 곳곳의 친구들과 이 일을 돕기 위해 적극적으로 나선 등산계의 모든 사람들에게 진심으로 감사를 표한다. 이 책은 이 멋진 사람들에 대한 헌사이기도 하다. 조지에게 감사드린다.

∿

세계 최고봉 에베레스트는 다른 산보다 더 많은 주목을 받는다. 남쪽에서부터 접근해 들어가면, 카트만두에서 북동쪽으로 멀리 떨어져 있는 네팔의 쿰부 지역을 지배하고 있는 에베레스트의 위용과 마주치게 된다. 오랫동안 현지인들은 그 산의 존재를 알고 있긴 했지만, 1865년에 처음으로 측량되어 '15번 봉우리Peak XV'라는 이름이 붙었다가, 곧 대인도 삼각 측량 사업의 전 국장이었던 조지 에베레스트 경의 이름을 따서 '에베레스트'라고 불리게 되었다. 네팔인들은 그 산을 '사가르마타Sagarmatha'라고 부르고, 티베트인들은 '초모룽마Chomolungma',† 즉 대지의 어머니 신이라고 부른다. 카슈미르Kashmir에서부터 아삼Assam까지 2,400킬로미터에 걸쳐 있는 히말라야에서 에베레스트는 보석 중의 보석이다. 정상은 난공불락의 8,848미터, 즉 29,029피트라고 합의되었지만, 과학자들에 의하면 인도 지각판이 북쪽으로 아시아 지각판을 밀고 올라가면서 매년 약 5밀리미터씩 높아지고 있다고 한다.

에베레스트가 1849년 서양인들에 의해 최초로 관측된 후 그 산에 올라가려는 최초의 시도는 70년도 지난 다음에나 이루어졌다. 세 번의 단독 도전과 실패로 끝난 구소련의 비공식적인 도전을 제외하면 1953년의 원정 성공은 아홉 번째 도전 만에 이룬 쾌거였다. 신뢰할 만한 자료에 의하면 2011년 기준으로 3,450명에 의해 5,640번의 등정이 이루어졌다. 1953년 초까지는 아무도 올라갈 수 없었다. 지금까지 약 223명의 사람들이 정상에 도전하다가 숨졌다. 그럼에도 에베레스트는 여전히 매력을 잃지 않고 있다.

많은 사람들이 에베레스트 사진을 찍었고, 1953년 원정대의 대원들 역시 사진에 관심이 많았다. 대원들 중에 알프레드 그레고리Alfred Gregory와 조지 로우George Lowe가 사진을 잘 찍어서 유명

---

*   산스트리트어로 '우주의 어머니'라는 의미이다.
†   티베트어로 '세계의 모신'이라는 의미이다.

5월 29일 세계의 지붕에서 텐징이 깃발이 매달린 피켈을 들고 서 있다. UN과 네팔,
인도와 대영제국의 깃발이었다. 사실 원정대는 조그만 UN 깃발만 갖고 네팔에 들어갔다.
아무도 영국 국기를 가져갈 생각을 하지 못했다. 텐징의 피켈에 매달린 깃발은
카트만두의 영국 영사관 자동차에서 떼어낸 것이었다. 이 사진은 힐러리가 찍었다.

했지만, 조지 밴드George Band와 찰스 와일리Charles Wylie, 존 헌트 John Hunt와 에드먼드 힐러리Edmund Hillary도 멋진 사진을 찍었다. 이 가운데 힐러리가 정상에서 텐징을 찍은 역사적인 사진은 곧 세계에서 가장 유명한 이미지가 되었다.

1953년의 원정대는 코닥 레티나IIKodak RetinaII 카메라 두 대와 코닥 레티네트Kodak Retinette 한 대, 콘택스Contax 한 대와 롤라이플렉스Rolleiflex 한 대, 라이카Leica 한 대를 에베레스트로 가져갔다. 『더 타임스』의 사진 편집자가 지원해준 중형 카메라 슈퍼 이콘타Super Ikonta도 있었는데, 그 편집자는 다른 사람들이 사용한 35밀리미터 필름이 인쇄용으로 적절치 않을까 봐 우려했다. 그러나 걱정할 필요가 전혀 없었다. 대부분의 사진은 화질이 굉장히 좋았다. 실제로는 이콘타가 사용하기 더 어려웠었는데, 벨로우즈 bellows*가 베이스캠프 위쪽의 춥고 혹독한 날씨에서 작동이 잘되지 않았기 때문이다.

조지는 뉴질랜드 알프스와 가르왈 히말라야Garhwal Himalaya 에서의 경험으로 혹독한 여건에서 레티나II를 다루는 법에 익숙해져서 에베레스트에서는 아주 숙련되게 다룰 수 있었다. 밤에는 보통 섭씨 영하 40도 밑으로 기온이 내려갔다. 그는 카메라를 따뜻하게 하려고 침낭 속에 넣고 잤다. 바람이 거센 고소에서 난이도가 높은 등반을 해야 할 때를 대비해서 카메라를 목에 건 다음 오리털 재킷 안에 넣어둠으로써 항상 순간 포착을 위한 마음의 준비를 하고 있었다. 눈 덮인 고소에서 그는 언제나 단순하게 사진을 찍었다. 촬영을 할 때 항상 셔터 속도는 1/100, 조리개 노출은

---

* 렌즈의 조절을 위해 사용되는 카메라의 아코디언처럼 접힌 부분

8로 고정하고 평범한 자외선 필터를 사용했다.

로우 컬렉션 가운데 원판과 미출판 사진들을 찾아서 처음으로 이 책에 수록하였다. 놀라운 경치와 솔직담백한 인물 사진들, 대원들의 운행 모습을 찍은 사진은 이 역사적인 원정의 매일매일의 순간들을 잘 포착하고 있다. 이 사진들은 인간의 위대한 승리에 대한 특별한 증거인데, 특히 2013년이 에베레스트 초등 60주년을 기념하는 특별한 해이기 때문에 그 가치가 더욱 빛났다.

1953년에 이루어진 선구적인 초등의 60주년을 기념하는 것은 당연한 일이다. 2013년은 미국 원정대가 서릉을 오르고 그 산을 처음으로 횡단한 50주년이기도 하다. 또한 티베트 쪽에서 동쪽의 캉슝 벽Kangshung Face에 있는 사우스 버트레스South Buttress를 통해 초등한 25주년을 맞는 해이기도 하며, 무산소 초등이라는 놀라운 위업이 이루어진 지 35주년이 되는 해이기도 하다. 이런 모험을 해낸 등산가들이 우리 책에 글을 기고해준 것만으로도 굉장한 영광이다.

이제 많은 나라들이 에베레스트 정상을 목표로 하고 있는 가운데 우리는 에베레스트가 주는 기쁨과 도전을 함께 나누고자 한다. 그렇지만 에베레스트가 바다에서 솟아오른 이래 수백만 년의 시간 동안 인간이 그곳에서 활동한 시간 모두를 합쳐도 그저 찰나에 지나지 않는다는 것을 잊지 말기 바란다.

휴 루이스 존스

에베레스트 정복

첫 번째 책인 '푸른 자이언츠' 다음에 맡게 된 책이었다. 척 보기에 사진이 많은 게 무척 마음에 들었다. ― 글의 양이 적은 책이 번역하기에 기분 좋다. 영화도 액션 영화나 애로 영화가 자막 만들기가 좋은 것처럼. ― 더구나 잘 생긴 청년들을 담은 사진이 수두룩하다. 두말할 것 없이 "예스!"를 외치고 번역에 들어갔다. 번역하는 내내 참 즐거웠다. 에베레스트 초등 원정대의 기록이니 매일매일 승리의 연속이다. 얼마나 신이 나는가. 점잖은 영국 신사 출신의 원정대원들과 솔직하고 유쾌한 에드먼드 힐러리, 조지 로우의 대조가 매력적이었다. 이 모든 것을 에드먼드 힐러리만큼 솔직하고 성실한 친구 조지 로우가 담아냈다.

조지 로우라는 사람은 인명록에서 이름만 알던 사람이었는데 이 책을 번역하며 그의 매력에 빠지지 않을 수가 없었다. 초등 원정에서 정상에 올라간 그 2인조가 되지 않아서, 세계적인 스타가 되지 않아서 평온하고 기쁘다니. 정상에 올라가서 그 모든 것을 감당한 게 친구이자 존경하는 파트너인 에드먼드 힐러리여서 믿음직하고 즐겁다니, 이런 멋진 인간 같으니라고. 진정한 인간이란 이런 사람이다. 글에 배어 있는 진심과 정성을 담아내지 못했다면 그건 그저 역자의 솜씨가 조잡한 때문이다.

~~~

번역하면서 기억에 남는 부분이 많았다.

첫 번째, 에베레스트 정상 정복에 성공한 다음, 이 소식을 다른 원정대원들에게 알리는 장면이다. 저절로 웃음이 나오는 사랑스러운 장면이었다.

두 번째, 에릭 십턴과의 정찰 원정 후 강에서 에드먼드와 조지가 미친 짓을 벌이는 장면이다. 이런 장난꾸러기들 같으니라고.

세 번째, 텐징 노르가이의 아들 노르부 텐징 노르가이의 회고담이다. 셰르파의 영웅들이 이렇게 겸손하고 솔직하다.

~~~

그 밖에 수많은 깨알 같은 웃음 포인트가 곳곳에 숨어 있었다. 독자 여러분도 다들 공감하시리라 생각된다. 우리에게 이런 즐거운 시간을 선물해준 에베레스트 초등 원정대에게 다시 한 번 감사드린다.

조금희

1953년 에베레스트 초등대의 숨은 영웅

에베레스트는 아직도 많은 사람들이 정상에 오르고 싶어 하는 매력적인 산이다. 그곳이 어떤 곳인지 궁금해하는 사람들이라면 이 책을 통해 의문을 풀기 바란다. 알피니스트들, 클라이머들, 열렬한 트레킹 마니아들 그리고 많은 모험가들에게 이 책은 그 산에서 이루어진 기쁨과 도전의 생생한 순간들을 보여준다. 세계에서 가장 장엄한 산에서 거둔 승리의 순간들을 찍은 뛰어난 독점 사진들과 조지 로우의 개인 소장 사진들을 모아 에베레스트 초등 60주년을 기념하기 위해 펴낸 책이 『에베레스트 정복』이다. 저자 조지 로우George Lowe, 1924-2013는 이 책을 펴내던 해에 89세로 세상을 떠났으니 이 책이 그의 생애를 결산하는 마지막 작품이 되었다. 그는 1953년의 에베레스트 초등 원정대원 가운데 가장 오랫동안 세상을 산 사람이다.

　힐러리와 텐징이 정상에 오른 역사적인 1953년의 그날, 조지 로우는 두 사람이 정상에 오르는 데 핵심적인 역할을 했다. 그는 힐러리와 텐징 두 사람이 쉽게 남동릉에 올라설 수 있도록 얼음에 발판을 깎는 고된 일을 했으며, 정상직하 300m 아래에 공격조가 머무를 수 있는 마지막 캠프를 구축했다. 로우는 11일간에 걸쳐 로체 사면에 최초의 루트를 개척했다. 그는 에베레스트에서

텡보체 사원은 분명 히말라야에서 가장 아름다운 장소일 것이다.
3월 27일 여기에 도착해, 라마승들이 우리를 위해 지정해준 풀밭에 텐트를 쳤다.
주위가 모두 산이었고 바로 앞쪽에 에베레스트가 있었는데,
한쪽은 분명하게 보였지만 다른 쪽은 눈 기둥과 구름에 가려 잘 보이지 않았다.
이곳에서 보면 에베레스트가 어마어마하게 높은 철옹성처럼 보인다.

위대한 업적을 이루었음에도 불구하고 등정자 두 사람의 그늘에 가려 빛을 보지 못했다. 에베레스트에서의 그의 업적은 그곳에서 일어난 정상 등정의 성공에만 군중들의 이목이 집중되면서 잊혔다. 정상 등정자 두 사람의 뒤에는 알려지지 않은 영웅들의 숨은 뒷받침이 있었기에 성공이 가능했다. 로우는 죽음의 구간이라 불리는 로체 사면에서 허벅지까지 빠지는 눈을 헤치며 사상 최초로 혼신의 힘을 다하여 루트를 개척했다. 그가 홀로 고군분투한 결과가 너무나 큰 것이어서 당시 런던의 한 신문은 조지 로우를 원정대의 "첫 번째 영웅"이라고 극찬했다. 그는 눈과 얼음에서는 등반의 달인이었다. 그는 "정상 등정자라는 세계적인 스타가 되지 않

은 것이 오히려 평온하고 다행한 일"이라고 했으며 "가장 친한 친구 힐러리가 그 일을 성취해준 것이 더욱 고맙다"고 말했다. 현세에서는 보기 드문 그런 멋진 인물이 바로 로우다. 우정과 봉사는 우리가 잃은 지 오래된 어휘지만, 로우가 남긴 이런 말들은 미덕의 세계를 볼 수 있는 감동 그 자체라고 할 수 있다. 에베레스트 초등 한 가지만 가지고 평생을 먹고산 사람이 힐러리라면, 그의 친구 조지 로우는 그와 함께하면서 귀중한 기록과 진한 우정을 남긴 등산가다.

기록정신의 위대함 보여준 163점의 미공개 사진

이 책은 조지 로우의 이야기이다. 새로운 세대가 1953년의 원정을 다시 돌아보고, 초등 팀의 빛나는 업적을 알 수 있도록 쓴 책이자 조지 로우의 포트폴리오다. 그의 소장품 중에서 특별히 선별한 사진들은 거의가 지금까지 공개되지 않은 사진들이다. 그 사진들은 히말라야의 장엄한 풍경과 등장인물들의 진솔한 모습, 등반행위의 매순간, 독특한 원근법과 신선한 현장감 등을 가감 없이 전해준다. 20세기 에베레스트 도전사에서 극적인 매순간을 빠짐없이 렌즈로 기록한 조지 로우의 비공개 사진들은 초등 60주년을 기념하면서 『에베레스트 정복』이라는 이름으로 세상에 태어난다. 이 책의 저자 로우는 뉴질랜드 출신의 등산가이자 사진사이고 영화 제작자이다. 그는 1953년 영국 에베레스트 원정대에서 가장 친한 친구 힐러리와 셰르파 텐징 노르가이가 세계 최고봉 정상에 서는 데 결정적 기여를 했다. 로우는 이 과정을 사진으로 찍었을 뿐만 아니라 오스카상 후보에 올랐던 다큐멘터리 『에베레스트

"호두까기 인형", "지옥 불의 통로", "핵폭탄"이라 불러온 위험한 구간들을
통과하고 난 다음 마지막으로 아이스 폴 상부에서 아주 가파른 빙벽을 만났다.
줄사다리를 설치해서 다른 사람들이 안전하게 우리와 합류할 수 있도록 했다.

정복The Conquest of Everest』을 연출했고, 이듬해에는 힐러리와 히
말라야 등반을 위해 다시 네팔로 갔다. 또한 영국 남극 횡단 원정
대의 공식 카메라맨으로 1955-1958년 사이 남극대륙을 횡단하
는 데 성공했다. 이는 1912년 스콧이 처음 남극점에 도달한 이후
육로를 통해 두 번째로 남극점에 도달한 쾌거였다. 로우는 나중에
학교 교사로 일했으며 영국 히말라얀 트러스트를 창립하고 초대
회장을 역임했다.

　모든 등반가들은 팔다리가 표현의 도구이지만, 산악사진가
들에겐 팔 다리 이외에도 무거운 카메라 하나가 더 필요하다. 그

는 탐험 현장에서 늘 카메라와 함께 있었다. 사진가들에게 가장 절실한 표현도구는 카메라이기 때문이다. 영하 40도를 넘나드는 히말라야의 혹독한 기온 속에서 보온을 위해 카메라를 침낭 속에 품고 잤으며, 강풍이 몰아치는 고소에서 목에 건 카메라를 다운재킷 안에 넣고 다니며 순간 포착을 위한 만반의 준비를 한 채 등반을 했다.

에베레스트 초등 스토리의 결정판

이제까지 에베레스트 등반 장면을 담은 많은 책들이 선보였다. 특히 1953년 영국 에베레스트 원정대의 공식 보고서 『The Conquest of Everest / By sir John Hunt, 1953년 Dutton』나 힐러리 경이 펴낸 에베레스트 등정기 『High Adventure, 1955년』에서 조차도 공개되지 않은 기록사진들이 실려 있어 이 책의 진가를 한 층 더 돋보이게 한다. 여기 소개하는 『에베레스트 정복』은 60년 전의 생생한 현장을 담은 결정판이라 할 만하다. 무엇보다도 영국 에베레스트 초등 원정대의 일원이었던 조지 로우가 찍은 생생한 현장 사진들이 고스란히 이 책에 담겨 있기 때문이다. 이 책은 이제껏 어느 책에서도 보지 못했던 원정대원들의 익살스런 기행 현장을 가감 없이 진솔하게 드러내고 있다. 무성하게 자란 억센 수염을 면도칼로는 해결되지 않아 바리캉으로 깎는 모습(22쪽)과 카라반 도중 우산 그늘 밑에서 파자마 차림의 편한 자세로 탐정소설을 읽고 있는 힐러리의 느긋한 모습(57쪽), 1951년 정찰등반 때 무더위를 피하기 위해 카라반 도중 우산을 쓰고 아룬강의 물속에 몸을 담그고 더위를 식히는 대원들의 표정(58-59쪽)은 장난기 넘

정상 능선에서 힐러리가 내가 있는 곳으로 올라오고 있다.
나는 피켈에 로프를 감아 확보를 해놓고 이 사진을 찍었다.

쳐나는 천진한 아이들의 모습 그대로다. 또 보딜런과 에반스가 남
봉을 오른 다음 기진맥진해서 퍼져 있는 모습(87쪽)은 생생한 현장
감을 가감 없이 드러내고 있다.

세계의 정상에 오줌을 쏟아내다

1953년 5월 29일 오전 11시 30분. 텐징과 함께 에베레스트 정상에 올라선 힐러리는 이날 세 장의 사진을 찍었다.(170-171쪽) 훗날그 중 한 장의 사진이 전 세계 신문과 잡지의 첫 장을 장식했다. 강풍에 휘날리는 깃발을 들고 서 있는 텐징의 사진은 에베레스트 도전 32년의 대미大尾를 장식한 유명한 사진이다. 텐징은 힐러리에게 카메라를 넘겨달라는 몸짓을 했다. 승리의 순간에 자신도 힐러리의 사진을 찍어야 한다고 생각했기 때문이다. 하지만 힐러리는고개를 가로저으며 피사체가 되길 거부했다. 텐징에게 자기의 사진을 찍게 하는 일은 상상도 할 수 없는 일이었다. 힐러리가 아는한 그는 한 번도 사진을 찍어본 경험이 없기 때문이다. 게다가 에베레스트 정상은 텐징에게 사진을 찍는 방법을 가르쳐줄만한 장소가 아니었다. 이날 텐징이 정상을 눈앞에 두고도 혼자 오르지않고 뒤처진 힐러리를 30분이나 기다렸다 함께 오른 일은 매우감동적인 일화다. 힐러리는 정상에 올라 텐징의 사진만 찍고 자기는 사진 찍기를 거절했다. "진정한 영웅은 내가 아니라 미천한 신분으로 출발해서 세계 정상에 선 텐징이다."라고 말했다. 그가 천한 신분의 동반자를 진정한 영웅으로 여긴 때문이다. 이날 찍은에베레스트 정상 사진은 불가능에 대한 인간 의지의 값진 승리를기록한 것이다.

결국 사진에 담긴 인물은 텐징 뿐이었다. 아마도 에베레스트등정 역사상 정상 등정자 중 정상사진이 없는 사람은 힐러리 밖에 없을 것이다. 이날 두 사람은 정상에서 15분 동안 머물렀다. 정상에 선 텐징은 조용히 기도를 올렸다. "투지 체이 초모룽마Thuji chhey, Chomolungma, 감사합니다 초모룽마". 힐러리는 텐징과 주변의 사진을 찍었고 텐징은 초모룽마에게 경건한 자세로 감사의 기도를, 힐러리는 세계에서 가장 높은 '지구의 모신母神' 머리에 무례하게 소변을 보았다. 그는 레모네이드를 너무 많이 마신 탓에 어쩔 수 없이 불경죄를 저질렀다고 고백했다.

이 책 덕분에 우리는 반세기 전의 극적인 장면들을 바로 오늘의 일처럼 생생하게 목격하는 행운을 누리게 된다. 내가 가보지 않은 세계 속으로 불쑥 들어가 보는 것은 오직 옛 사진들만이 가능하게 해준다.

한 시대를 풍미한 영웅들의 회고담

에베레스트를 등정한 뛰어난 등반가들인 에드먼드 힐러리 경, 크리스 보닝턴 경, 켄턴 쿨, 톰 혼바인, 라인홀드 메스너, 텐징 노르가이, 더그 스콧, 스티븐 베너블스가 그들의 경험을 회상하면서 한 이름 없는 영웅에게 경의를 표하기 위해 기고한 회고담들은 이 책의 진가를 결정짓는 귀한 읽을거리다.

에베레스트 초등자 힐러리 경은 오랜 산 친구 조지에 대한 마지막 우정의 표시로 "오랜 친구"란 제호로 이 책의 서문을 써주었다. 이 책을 펴낼 당시 1953년 에베레스트 초등 원정대원 가운데 마지막까지 살아 있던 사람은 89세의 조지뿐이었다. 나머지 대원들은 모두 타계했다. 힐러리 경이 기고한 글도 그가 살아 있는 동안에 남긴 마지막 글이 아닌가 생각된다.

1996년 11월 나는 마운트 쿡 등반을 위해 뉴질랜드를 방문한 적이 있었다. 당시 오클랜드 리뮤에라 로드에 있는 힐러리의 저택 거실에서 그를 만날 기회가 있었다. 금세기 등산역사에서 가장 어려웠던 문제를 해결한 거인과 2시간 동안 대담을 나누었다. 그는 외모 또한 산악영웅다운 풍모를 지니고 있었다. 188센티미터의 거구를 지닌 그는 에베레스트를 오를 때의 투지와 강건함을 유지한 채 77세의 노인이라 믿기지 않을 정도의 건강한 모습이었다. 뉴질랜드에서 그의 입지는 5달러짜리 지폐에 그의 초상이 들어가 있을 정도로 유명하다.

그의 거실 벽에는 아무리 둘러봐도 그가 평생을 통해 이룩한 결과물이라 할 수 있는 텐징의 정상등정 사진은 볼 수 없었다. 1953년 에베레스트 초등대원 모두가 베이스캠프에서 촬영한 사진과 우주인 닐 암스트롱이 아폴로 11호에서 내려 달 표면을 걷고 있는 사진만이 걸려 있었다.

탐험가의 안목이랄까? 그는 지구 밖 우주 정복에까지 관심을 보였다.

그는 20세기 들어 인간이 이룩한 가장 위대한 탐험 두 가지를 꼽았다. 그 첫째는 1953년의 에베레스트 정복이며, 둘째는 1969년 인간의 달 착륙이라고 말했다. 전자는 인간 의지의 승리요, 후자는 공상의 세계를 현실로 바꾼 과학 문명의 승리라고 했다.

이런 승리 뒤에는 항상 성공을 공유하려는 동료들의 숨은 힘이 중요하게 자리하고 있다고도 했다. 인류역사의 한 획을 그은 날 암스트롱의 달 표면 착륙은 닐 암스트롱 개인의 능력이 아니라 그 일이 성공하기까지 수많은 과학자 집단과 800백만 개의 부품을 조립한 기술자들의 협동체계가 주효했기 때문에 가능했다고 그는 말했다. 즉 모든 일의 성공은 팀워크의 결과물이라는 것이다. 에베레스트 초등의 성과도 자신과 텐징의 개인적인 능력보다는 결국 팀워크의 승리라고 힐러리는 말했다.

1963년 에베레스트의 서릉을 초등하고 남릉으로 하산하여 에베레스트 최초의 횡단기록을 세운 톰 혼바인은 "그들의 발자취를 따르며"라는 글을 기고했다. 그는 정상 등정 후 8,530m지점에서 길을 잃고 계획에도 없는 비박을 한 후 하산했다. 에베레스트 등반 역사에서 위대한 업적 중의 하나로 평가받는 그의 횡단기록은 에베레스트 지형에 '혼바인 쿨르와르'라는 자신의 이름이 붙은 지명을 남겼다. 사람의 이름이 지명으로 남겨진 사람들은 '힐러리 스텝'이라는 지명을 남긴 에베레스트 초등자 에드먼드 힐러리, 에베레스트라는 산명을 남긴 영국의 측지학자 조지 에베레스트 경 등이 있다.

1975년 에베레스트에서 가장 어려운 남서벽을 뚫고 정상 등정을 성사시킨 보닝턴 경은 "최고의 성취"라는 글을 헌사했다.

1975년 두걸 해스턴과 에베레스트에서 가장 가파른 남서벽으로 정상에 오른 더그 스콧은 "인생의 수레바퀴"라는 글을 기고했다. 당시 그는 오후 6시 늦은 시간에 정상에 오른 후 내려오는 길에 힐러리 스텝에서 헤드랜턴이 고장 나는 바람에 8,748m 고도에서 설동을 파고 들어가 아홉 시간 동안 침낭도 산소도 없이 버티면서 비박을 했던 인물이다.

1978년 인류 최초로 에베레스트에서 무산소 등정을 성공시켜 산소 맹신의 장벽을 허문 메스너는 "미지의 세계"라는 글을 기고했다. 메스너의 글 중 우리의 가슴에 와 닿는 문장은 "가장 중요한 핵심은 자기 자신에 대해 완전하게 책임지는 것이다. 위험한 곳에 가더라도 안전하게 돌아오려고 노력하는 것 그 자체가 의미 있는 것이다. 정상에 올라가는 것이 아니라 안전하게 돌아오는 것이 진정한 보상이다. 산에서 이룰 수 있는 성공이 무엇일까? 그것은 살아 돌아오는 것이다."

1988년 무산소로 에베레스트에 오른 최초의 영국인이자 캉슝 벽에 신 루트를 개척하면서 단독으로 정상에 오른 스티븐 베너블스는 "위대한 정신"이라는 글을 기고했다.

2007년 에베레스트 정상을 1주일에 두 번 올랐고 이 산을 열 번이나 오른 놀라운 기록의 보유자 켄턴 쿨은 "오늘날의 거벽"이란 글을 기고했다. 그는 오늘날의 에베레스트 베이스캠프에 초고속 인터넷 방, 빵집, 위스키 시음 천막까지 세워져 있고, 기자와 영화 스태프가 북적이고, 정상 능선에서는 정체현상 때문에 사람들이 죽어가고, 몇몇 사람들은 죽어가는 사람들의 구호 요청을 무시한 채 등정에 대한 자신의 욕망에만 몰입한다며 안타까워했다. 또한 오늘날의 에베레스트는 아마추어와 전문가 집단이 뒤엉켜 혼란을 일으키고 있다며, 고객을 정상에 올리려는 상업등반대의 무리수가 고객을 죽음으로 몰아넣는 현실을 개탄했다. 그는 어떤 경우이건 에베레스트는 돈으로 등정을 살 수는 없는 산이라고 말했다. 에베레스트는 모든 등반가들의 꿈이지만, 모든 사람이 오를 수 있는 산은 아니다.

이처럼 에베레스트에서 활동한 쟁쟁한 등반가들의 격조 높은 글들이 책의 내용을 풍부하게 장식하고 있다. 책속의 사진들을 살펴보면 격세지감이 느껴진다. 지금은 상상조차 할 수 없는 60년 전의 원초적인 히말라야의 모습을 볼 수 있기 때문이다.

이 책은 에베레스트를 종횡무진으로 누비며 신기원을 이룩했던 산악영웅들의 이야기와 세월의 무게를 실은 옛 사진들이 지면을 채우고 있어 누구나 부담 없이 읽을 수 있다.

이용대

꽃의 계곡

세상에서 가장 아름다운 난다데비 산군에서의 등산과
식물 탐사의 기록　프랭크 스마이드 지음 김무제 옮김

등반가이드 시리즈 2　The Valley of Flowers　Frank S. Smythe

山冊旅行

등산은 모험으로 남아 있어야 하므로
산소용구와 같은 인위적인 요소는
동원되지 말아야 하며,
만일 그런 것이 없이 등반이 불가능할 때는
그런 등반은 시도하지 않는 편이 좋다.

꽃의 계곡

이것은 세상에서 가장 기품 있고 아름다운 산속에서 행복하게 지냈던 넉 달간의 기록이다. 이야기는 1931년으로 거슬러 올라간다. 그해에 여섯 명의 영국인 등산가가 가르왈 히말라야Garhwal Himalaya의 7,756미터 카메트Kamet를 등정했고, 나도 그 속에 있었다. 우리는 등정을 마치고 다울리Dhauli 계곡에 있는 감살리Gamsali 마을로 내려와, 답사를 위해 5,086미터의 뷴다르Bhyundar 고개를 거쳐, 알라크난다와 다울리 계곡 위쪽을 둘로 나누는 잔스카르Zanskar산맥을 넘었다. 우리가 답사할 곳은 갠지스강의 두 지류, 알라크난다Alaknanda와 강고트리Gangotri강의 발원지인 산악 지역이었다.

뷴다르 고개를 넘던 날은 이미 몬순이 시작되어 비가 오고 추웠으며 음산했다. 4,900미터 아래쪽은 비가, 그 위쪽으로는 눈과 진눈깨비가 왔다. 바람이 매섭게 몰아쳐서 옷이 온통 질척한 눈으로 뒤덮였으며 추위가 뼛속까지 스며들었다. 우리는 서둘러 알라크난다 계곡과 만나는 뷴다르 계곡 안쪽으로 내려갔다.

얼마 지나지 않아 매서운 바람에서 벗어났고, 비는 내렸지만 고도가 낮아질수록 점차 따뜻해졌다. 짙은 안개가 산비탈을 감싸고 있어서 나아갈 방향을 확인하려고 잠시 멈췄더니, 식물학자인

꽃의 계곡 가을 색조. 뒤쪽 산이 6,166미터의 라타반이고,
그 왼쪽으로 눈 덮인 안부가 보인다. 첫 번째 베이스캠프는
사진의 중간쯤에 있는 초원지대 오른쪽에 설치되었다.

홀스워드R. L. Holdsworth가 "저것 좀 봐!" 하고 소리쳤다. 나는 그가 가리키는 쪽을 바라보았다. 처음에는 바위밖에 보이지 않았지만, 두리번거리던 눈이 한순간 푸른색의 작은 얼룩점에 멈추었다. 그리고 또 다른 푸른색 얼룩점들이 보였다. 그 색깔이 어찌나 짙은지 산비탈을 밝히고 있는 듯했다. 홀스워드는 다음과 같이 기록했다. "갑자기 프리뮬러primula가 주변을 온통 둘러싸고 있다는 것을 깨달았다. 금세 눈에 띄게 날이 갠 것 같았고, 온갖 어려움과 추위, 길 잃은 짐꾼들에 대한 걱정을 잠시나마 잊을 수 있었다. 이 얼마나 진기한 프리뮬러인가! 부추처럼 보이는 프리뮬러는 니발리스nivalis 속 식물이 분명했다. 작은 둑과 층이 진 땅 사방에 자라고 있었는데, 더러는 흐르는 물속에 뿌리를 담그고 있기도 했다. 풀 길이는 15센티미터 정도였고, 길이에 비해 꽃이 꽤 컸으며, 그 수도 상당해서 가끔은 아름답게 균형 잡힌 산형화서傘形花序 한 가지에 꽃꼭지가 30개씩이나 되었다. 향긋한 냄새가 나는 이 꽃은 아름답고 짙은 푸른색이었다."

나는 많은 산을 돌아다녔지만 이 프리뮬러보다 더 아름다운 꽃을 아직 보지 못했다. 고운 빗방울이 작은 진주 알갱이처럼 꽃잎에 달라붙어 있었고, 서리가 내린 듯한 잎사귀는 은색이었다.

더 아래쪽 모레인 근처의 캠프를 친 곳에, 봄맞이 속 안드로사체androsace, 범의귀 속 삭시프라가saxifraga, 돌나물 속 세둠sedum, 양지꽃 속 황적색黃赤色 포텐틸라potentilla, 뱀무 속 게움geum, 쥐손이풀 속 게라니움geranium, 개미취, 그리고 용담이 있었다. 하지만 이는 단지 몇몇 이름만 나열했을 뿐으로, 꽃을 밟지 않고서는 단 한 발짝도 움직일 수 없을 만큼 꽃들이 많았다. 다음

페디쿨라리스 시포난타Pedicularis siphonantha

날 우리는 싱싱한 풀이 많은 초지로 내려갔는데, 캠프를 온통 꽃이 감싸다시피 했다. 백설 같은 바람꽃 속 아네모네anemone 꽃무리, 백합 모양의 노모카리스nomocharis, 금잔화, 금매화, 제비고깔delphinium, 제비꽃, 산지치 속 에리트리키움eritrichium, 현호색 속 푸른 빛 코리달리스corydalis, 야생 장미, 꽃이 핀 관목, 진달래 속 관목인 로도덴드론Rhododendron, 그리고 영국에서 흔히 볼 수 있는 꽃들도 많았다. 분다르 계곡은 우리가 본 계곡 중에서 가장 아름다운 계곡이었다. 우리는 그곳에서 이틀간 캠핑 했는데, 나중에 보니 그곳이 바로 '꽃의 계곡'이었다.

나는 음산한 겨울날이면, 눈에 덮여 빛나는 산과 띠를 이뤄 늘어선 흰 자작나무를 배경으로, 맑은 물이 흐르는 냇가에 꽃이 만발한 풀밭을 종종 마음속으로 배회하곤 한다. 그러면 다시 한번 흔들거리는 꽃을 통해서 산들바람의 느린 움직임을 볼 수 있고, 별들이 총총한 밤하늘 아래 모닥불 옆에서 빙하의 급류가 쉼없이 흐르던 소리를 들을 수 있다.

나는 오랜 런던 생활을 청산하고 시골에 내려와 살면서 엉겅퀴, 쑥, 민들레가 가득한 밭을 갈아 정원 만드는 일을 시작했다. 원예를 노인의 취미 생활이나, 또는 단조롭고 대가 없는 노동쯤으로 생각했었는데 카렐 차펙Karel Capek이 아래와 같이 쓴 내용을 우연히 보게 되었다.

"여러분이 밟고 서 있는 것이 도대체 무엇인지 알기 전에 여러분은 정원을 갖고 있어야 합니다. 그리고 여러분, 구름이 아무리 그 모양이 다양하고 아름다우며 또 무시무시하다 할지라도 여러분이 밟고 서 있는 땅에 비하면 아무것도 아니라는 것을 알아야 합니다. … 땅 한 뙈기를 경작한다는 것은 하나의 위대한 승리라는 것을 여러분께 말씀드립니다. 자, 이제 잘 부스러지고 축축하며 사용 가능한 땅이 있습니다. … 여러분은 이제 '땅'이라고 불리는 이 훌륭하고 고상한 일터에서 지배력을 갖게 될 식물에 대해 질투심을 느끼게 될 것입니다."

그래서 나는 원예가가 되었는데, 실은 원예에 대해 아무것도 모르고 있었다. 2년 6개월 전만 해도 두해살이풀과 다년생풀의 차이조차 알지 못했다. 지금도 무지하기는 마찬가지인데, 원예는 유식과 무지의 경계를 뚜렷하게 구분 지을 수 없을 정도로 그 영역이 넓다. 다만 한 가지는 깨달았다. 원예가들 사이에는 다른 분야에 대한 질투심이나 의심 없이 원예를 최고로 치는 자연스러운 교감이 있다는 것을! 아마 그 이유는 원예가 본질적으로 창조적인 일이며 인내라는 훌륭한 자질을 필요로 하기 때문이리라. 어떤 조직의 성장을 서둘러 재촉할 수는 있겠지만 고산 식물의 성장을 그렇게 할 수는 없다.

1937년 분다르 계곡에 다시 가 볼 기회가 있었다. 나는 이런 저런 이유로 혼자 여행을 했지만, 남부 와지리스탄South Waziristan 정찰대 대위인 P. R. 올리버Oliver와 7월 말쯤에 합류해서 함께 두 달간 가르왈 히말라야에서 등반을 하고, 씨앗, 알뿌리, 덩이줄기, 식물을 채집하러 분다르 계곡으로 돌아가려고 계획하고 있어서 몬순 전과 몬순 기간인 한 달 반을 혼자 보내야 했다. 그래서 다르질링Darjeeling에 사는 W. J. 키드Kydd 씨의 주선으로 티베트인 네 명을 고용했는데, 그들의 사다인 왕디 누르부Wangdi Nurbu ─ 온디Ondi라고 부르기도 한다. ─ 는 내 오랜 친구이기도 했다.

이렇게 소규모로 일행을 꾸리게 된 이유는 네 번씩이나 상당히 공을 들여 조직한 대규모 히말라야 원정을 마친 뒤라, 모처럼 히말라야에서 휴가를 즐길 기회를 갖고 싶었기 때문이다.

이번 휴가는 세계의 주요 산 중 하나를 오르려는 그간의 시도와는 인간적으로나 물질적으로 완전히 다른 가치 기준을 갖고 있다. 이제 에베레스트 등반은 의무가 되어버렸다. 남극점이나 북극점에 이르려는 시도에 필적하는 국가적인 사업이 되어버려서 즐거운 등반과는 상당한 거리가 있게 되었다. 가르왈과 쿠마온Kumaon 지역의 히말라야 등반은 산과 계곡의 규모가 클 뿐이지 스위스에서의 등반과 꽤 비슷하다. 다만 스위스와 달리 상업주의에 오염되지 않았다. 눈을 어지럽히며 원시적인 아름다움과 웅장한 전망을 망치는 철도, 전선, 도로, 호텔이 없고, 오르려면 온갖 어려움을 극복해야 하는 헤아릴 수 없이 많은 산들이 이름도 없이 미답인 채로 있다. 또한 단순하고 상냥한 시골 사람들이 여름에 가축에게 풀을 뜯길 뿐 한 번도 유럽인이 발을 디뎌보지 못한 계곡이 많다.

그리고 꽃이 있다! 몬순 기간 동안 비가 많아 습하고 무더운 남쪽 계곡에서부터 차갑고 건조한 바람이 부는 티베트의 황토색 언덕에 이르기까지 원예가와 식물학자의 상상을 자극하는 식물들이 많다. 하지만 이상하게도 J. E. 윈터보텀Winterbottom과 리차드 스트라케이Richard Strachey 경이 1846-1849년에 4년간의 그 유명한 식물 표본 채집을 한 이후로 더 이상의 채집이 없었다. 식물군의 보고寶庫 가능성을 가늠해보려는 이 일이 1931년에 홀스워드에게 주어졌는데, 그는 『카메트 정복』에서 다음과 같이 자신의 생각을 표현했다. "나는 히말라야의 이런 고산 식물을 기꺼이 환영해 맞이할 열정적인 원예가가 많다는 것을 확실히 느끼고 있다. 진취적인 박애주의자가 히말라야의 고산으로 가서, 저지대에서 얻기 쉬운 키가 큰 식물이나 씨앗뿐만 아니라 높고 험준하며 환상적인 세계의 수줍은 프리뮬러와 용담, 그리고 이것들의 씨앗을 가져오기를 기대하며 이 글을 쓴다."

이제 그 임무를 내가 맡게 되어서 영광스러웠다. 내 무지를 기억하고 있는 독자 여러분은 — 나야 물론 나의 무지를 너그럽게 이해해주길 바라지만 — 분다르 계곡이 꽃의 계곡이란 말을 들을 만한지는 스스로 판단해야 한다. 이후로도 사람들이 이곳을 방문해서 분석하고 조사하겠지만, 그 사람들의 의견이 어떻든 내게는 이곳이 인간의 영혼이 안식을 찾을 수 있는, 더할 나위 없이 평화롭고 아름다운 '꽃의 계곡'으로 남을 것이다.

프랭크 스마이드

꽃의 계곡

아름다운 산에서
넉 달간 행복하게 지냈던
산사나이의 기록

산악회에서 왕성하게 활동하던 때인 1999년, 나는 우연한 기회에 산책 전문 서점에서 중고로 이 책 『꽃의 계곡』을 구입할 수 있는 행운을 얻었다. 보고픈 책을 얻었다는 기쁨과 설레는 마음으로 낯선 등산 용어에 점차 익숙해져 가며 책을 읽어갔는데, 읽을수록 기존의 등산 책과는 다른 묘한 매력을 조금씩 알게 되었다.

처음 몇 장을 읽는 동안에는 산책인지 꽃책인지가 분간이 안될 정도로 꽃에 대한 이야기가 많았지만, 그렇다고 꽃책은 아니었다. 한 장도 빼지 않고 전 장에 걸쳐서 수백 개의 꽃 이름이 등장하는데, 원예를 모르는 나로서는 적잖이 당황스러웠다. 특히 당시에는 지금처럼 인터넷 검색으로 히말라야 꽃들의 사진을 검색해볼 수도 없는 때여서 작가가 묘사한 꽃 모양을 상상만 해볼 뿐이었다. 작가가 빼어난 문재文才로 마치 눈앞에 있는 듯한 착각이 들만큼 간결하고 생동감 있게 꽃의 특징을 묘사할 때면, 책 읽는 중간 중간에 잠시 눈을 감고서 그 묘사된 꽃의 모습과 주변 환경을 마음속으로 그려보았던 적이 한두 번이 아니었다.

이런 상상이 주는 즐거움도 적지 않았지만, 읽어갈수록 꽃이름이 차차 늘어갔고, 반복되는 꽃 이름이 많아질수록 '어떻게 생겼을까?' 하는 궁금증도 더했다. '백문이 불여일견'이라 했는데,

'만년설 가까이에서 별처럼 빛나는 머리를 들고 서 있는 이 광경'을 어찌 상상만으로 알 수 있겠는가? 1999년 그해에 이 책을 여러 번 읽었고, 꽃의 모습을 사진으로나마 보고픈 욕망은 그만큼 커갔다.

그러던 중 2008년 『히말라야 식물대도감』(요시다 도시오 지음, 박종한 옮김, 김영사 간행)이 출간된 것을 알게 되었는데, 그제야 나는 『꽃의 계곡』에 나오는 꽃의 모습을 상당 부분 사진으로 볼 수 있었고, 그때의 감동이란 이루 말할 수 없었다. 독서하기의 화룡점정이라고나 할까? 그렇지만 이 식물대도감에도 없는 꽃 이름이 상당수 있었고, 이것들의 모습은 그 후에 인터넷 검색을 통해서 보게 되었다. 결국 이 책 읽기는 2009년이 되어서야 완료된 셈이다.

묘한 매력은 꽃뿐만이 아니었다. 보통의 경우 산책은 '우리는 혹은 나는 갖은 어려움을 극복하고 이렇게 등정했다.'가 주요 내용인데, 이 책은 등반대상지로 이동하는 과정에서 만나는 지역의 풍물이나 기후, 원주민의 외관, 의상, 행동, 생활방식, 관습, 종교, 신화 등은 물론이고, 셰르파와 짐꾼들의 사소한 행동이나 성격, 심리까지 세세하게 묘사해서, 단순한 등반기를 넘어 식물학적인 연구는 물론이고 민속학적인 내용에 이르기까지 다양한 분야에 대한 기록을 담고 있는 특이한 책이란 생각을 하게 되었다. 특히, 짐꾼들을 단지 짐꾼으로 대하지 않고 같이 등반을 하는 동료나 친구처럼 대하는 작가의 태도는, 다른 등산 관련 책에서는 찾기 힘든 인간애와 감동을 선사해주었다.

더욱이 히말라야의 어마어마한 산과 가냘픈 꽃이라는 극명하게 대조되는 두 대상의 어울릴 것 같지 않은 결합을 통해 자연의 아름다움을 표현해내고, 이와 유사한 방법으로 다양하게 또 다른 극단적인 대비를 통해 궁극적으로 우리가 왜 산에 오르는지, 인간의 본질은 무엇인지, 기계 문명이 가져온 전쟁과 불행의 원인이 무엇이고 그 대처 방안은 무엇인지 등의 산과 인간, 문명에 대한 근원적인 질문들에까지 접근해가는 작가의 글쓰기 방식에 다시 한 번 매료되지 않을 수 없었다.

매력은 이뿐만이 아니었다. 작가는 1차 대전 이후 세계에서 가장 강인하고 훌륭한 등산가 중 한 사람으로 평가되고 있고, 1933년 에베레스트 원정에 참여해서 무산소로 당시 인류의 최고 도달 높이인 8,500미터까지 올라갔었다. 등산사에 빛나는 성취를 이룬 산악인답게 그는 의무로서의 등반과 즐거움으로서의 등반의 차이를 명확하게 알고 있었고, 등반과 휴식과 사색을 한가지로 볼 줄 아는 철학적인 안목 또한 갖고 있었다. 『꽃의 계곡』은 작가가 꿈꿔온 즐거움으로서의 등반, 즉 등반과 휴식과 사색을 실천해 옮긴 기록이다. '휴식은 할 수 없어서 즐기는 것이 아니라 등산에서 당연하고 빠뜨릴 수 없는 한 부분이며, 휴식을 게을리한다면 사색을 게을리하는 것이고, 결국 자연의 진면목을 알 수 없게 된다.'는 작가의 생각은, 작가 자신이 해왔던 등반 방식은 물론 당시 등정 위주의 등반 방식에 대한 회의와 반성이 담겨 있다.

또한 작가는 영국인이었음에도 동양적인 사고에 대한 깊은 이해와 통찰을 갖고 있었다. '고요 이상의 더 큰 어떤 것, 그 어떤 힘, 절대적이며 불변인 어떤 힘의 존재를 인식할 수 있었다. 알 수 있는 어떤 것과 알 수 없는 어떤 것과의 바로 그 경계선에 내가 있는 것 같았다. … 이 힘은 하늘의 한 부분이자 우리의 한 부분이

봉선화(봉선화에 속하는 임파티엔스 로일레이Impatiens roylei)와 키라운Khiraun 계곡

기 때문이다. … 이것으로부터 우리가 변화해 나와서 이것으로 조용히 평화롭게 돌아가는 것이다.'와, '객관적으로 혹은 분석적으로 하는 생각이 아니라 주변 환경에 내 생각을 맡겨 둘 수 있게 되었다. … 이 힘은 우리의 마음으로 하여금 느낌을 찾아서 구하도록 하는 것이 아니라 받아들이도록 하는 것이며, 외부에서 들어오는 생각을 차단함으로써 얻게 되는 것이다. 이런 순간이 찾아오면 비로소 신의 음성을 들을 수 있고, 삼라만상의 변화가 명백해진다. 대기 그 자체가 생명과 노래로 가득 차며, 산들은 단순한 눈이나 얼음, 바윗덩이가 아니라 살아 있는 것으로 변하게 된다. 이런 일이 일어날 때 인간의 마음은 허약한 상상의 굴레에서 벗어나 창조자와 합일하게 되는 것이다.'라는 글을 통해, 나는 작가에게서 이미 산악인의 범위를 벗어난, 어떤 절대를 향한 수도자로서의 또 다른 모습을 얼핏 볼 수 있었다. 결국 우리는 무슨 일을 하고 있거나 나름의 절대 진리를 향해서 출항한 조각배 하나가 아니겠는가?

　더불어 이 책의 매력은 전편에 흐르는 감성적인 분위기이다. '어느 쪽을 보아도 너무나 맑고 고요한 때에는 상투적인 방법으로 글을 쓰는 것이 불가능했다. 그리하여 나를 이해시킬 수 없다거나 자칫 '감상적'이라는 낙인이 찍힐 수도 있겠지만 어쩔 수 없었다.'고 작가는 고백한다. 하지만 이와 같은 작가의 개인적인 혹은 감상적인 느낌이 오히려 내게는 크게 공감이 되었다. 하루의 힘든 등반을 마치고 모닥불 가에 앉아서 나무 타는 냄새를 맡으며 하루를 마감하는 사람이 어떻게 감성적이지 않을 수 있겠는가? 기계문명과 시간의 굴레에서 벗어나서, 또는 잠시나마 먹고사는 삶의 멍에에서 벗어나서, 낮에는 설상에서 밤에는 꽃의 계곡에서 야영을 하는, 의무가 아닌 즐거운 등반을 하는 사람이 어떻게 이성적이기만 할 수 있겠는가?

읽기와 달리 번역은 쉽지 않았다. 혼자서 싱긋이 웃음 지을 때도 있었고 물론 심각해질 때도 있었다. 그러나 내내 행복했다. 다시 한 번 산과 인생에 대해서 생각해볼 좋은 계기가 되었기 때문이다. 혹 독자 여러분께서 이 책을 읽고 이런 행복을 조금이라도 느끼신다면 옮긴이로서 더 이상의 기쁨은 없을 것이다.

1999년에 이 책을 처음 접하고 그때부터 틈틈이 번역을 했는데, 당시에는 등반용어가 낯설어 『등산용어수첩』(김성진 지음, 평화출판사 간행)을 사전 삼아 보았으며, 부족한 부분은 최근에 간행된 『등산상식사전』(이용대 지음, 해냄 간행)으로 보충했고, 등산용어에 익숙하지 않은 독자를 위한 설명도 이 두 책의 내용을 주로 인용하였다. 『꽃의 계곡』은 1938년 영국(Hodder & Stoughton, London)에서 처음 출판되었고, 번역 대본은 1949년 미국 초판본인 'The Valley of flowers, New York. W. W. Norton & Company. Inc.'를 사용했다. 이 꽃의 계곡은 1980년 인도 정부가 식물을 보호하기 위하여 국립공원 Valley of Flowers National Park으로 지정하여 거주와 방목을 금지하고 있으며, 6-9월 사이인 여름 동안에만 개방된다.

김무제

산을 걷는 명상가

내가 프랭크 스마이드 작품을 처음 만난 것은 지금으로부터 48년 전이다.

　국내에서 처음 소개된 그의 작품은『산의 영혼The Spirit of the Hill』이다. 초역抄譯본으로 발간된 이 책의 제호가『山과 人生』(박성용 옮김, 1968년)이었다. 당시 나는 제목이 그럴싸해서 원저자가 어떤 사람인지도 모른 채 서점에서 이 책을 구입했다. 제호 자체가 주는 이미지가 매우 철학적이기 때문에 마음이 이끌렸다. 그러나 몇 페이지를 펼쳐보고는 실망했다. 매끄러운 번역은 처음부터 기대하지도 않았지만 내용이 너무 난해하였으며 원저에서 필요한 부분만 골라서 번역한 책이기에 마음이 끌리지 않았다. 그 후 이 책은 1990년에 안정호의 번역으로 수문출판사에서『산의 영혼』이라는 제호로 완역본을 낸다. 불교계의 고승 법정스님도 이 책을 읽어본 후 스마이드를 가리켜 '산을 걷는 명상가'라고 극찬했다.

　스마이드는 에베레스트 개척기에 활동한 영국의 유명한 알피니스트이자 27권의 저서를 펴낸 저술가이며 사진가이다. 대표적인 저서로는『꽃의 계곡』,『캠프 6』,『산의 영혼』,『산의 환상』등이 있다. 그는 산에 오르며 느끼는 많은 경험을 인생과 비유하며 깊은 성찰을 갖고 자연이 인간에게 주는 안락함과 평온함을 감성적으로 표현한 작가다. 그의 저서들은 어느 문학작품 못지않게 문장이 수려하고 우리의 영혼에 여유로움마저 느끼게 한다. 그는 49세라는 짧은 나이에 인생을 마감했지만 살아 있는 동안 많은 저술활동을 했고, 눈부신 등반활동을 했다. 그는 1933년, 1936년, 1938년에 에베레스트 원정에 연속적으로 참여했고, 1933년의 원정에서는 십턴과 함께 에베레스트 정상을 공격했으나, 십턴이 병을 얻어 6캠프로 철수하자 단독으로 8,560m 지점까지 올라갔지만 아무런 지원을 받지 못한 상태에서 너무 지친 나머지 등반을 포기한다. 그는 또한 1930년에 칸첸중가를 원정했고, 1931년에는 당시 인간이 등정한 가장 높은 고도인 7,756m의 카메트를 에릭 십턴과 함께 초등한다. 이는 그 당시까지 이루어진 등정에서 가장 높은 고봉 등정으로 등반역사에 기록되었다. 이어 스마이드는 1937년에 이 책 21장에 나오는 가르왈 히말라야의 마나피크(7,272m)를 경량속공등반 방식으로 등정한다.

그는 히말라야 뿐만 아니라 알프스의 몽블랑 브렌바벽Brenva Face의 쌍띠넬 루트Sentinelle Route와 메이저 루트Major Route 등반으로 알프스 등반에도 커다란 공헌을 하였다. 1930년 다이렌퍼스G. O. Dyhrenfurth가 이끄는 국제 칸첸중가KangChenJunga, 8,586m 원정대의 대원이었으며, 제2차 세계대전 중에는 산악훈련 교관으로 근무하였다.

그는 1927년부터 20여 년간 등산활동을 하면서 27권의 산악명저를 집필했으며, 훌륭한 사진도 많이 남겼다. 1949년 인도에서 원정대를 조직하던 중 병을 얻어 귀향했으나 사망하고 만다.

그의 문명文名이 세상에 알려진 것은 칸첸중가 등반 때 〈타임)지의 특파원 자격으로 글을 써서 발표한 것이 계기가 되었다. 그의 글이 외국어로 번역되어 많은 독자들에게 읽히면서 산악인들로부터 주목을 받게 된다. 그가 남긴 『산의 영혼The Spirit of the Hills』에는 주목할 만한 가치가 있는 격조 높은 명구들이 많다.

등반의 편의성을 거부한 알피니스트

그는 등반수단으로서의 인공적인 용구(하켄) 사용으로 자연이 파괴되는 것을 우려하면서 사용한계 설정을 주장했다. 다음 세대를 위해서 아름다운 산을 남겨놓는 것이 이 시대 사람들이 실천해야 할 의무라고 생각했기 때문이다. 그는 또한 등반의 편의성을 적극적으로 배척했다. 그는 에베레스트에서 산소용구의 사용을 비판했으며, 그런 것을 이용하여 등정에 성공하기보다는 차라리 그런 용구를 사용하지 않고 실패하는 편이 더 좋다고 말했다.

"등산은 모험으로 남아 있어야 하므로 산소용구와 같은 인위적인 요소는 동원되지 말아야 하며, 만일 그런 것이 없이 등반이 불가능할 때는 그런 등반은 시도하지 않는 편이 좋다."라는 것이 그의 생각이었다. 이것은 등산에서 편의(Expediency)를 배격한 숭고한 철학이라 할 수 있다.

그의 말은 시대를 거역하는 완고한 생각이 아니라 등산은 자연을 사랑하는 일이고, 자연의 어려움 속에서 끝까지 진지하게 싸울 때에 비로소 그 가치와 의의가 있다는 믿음에 기인한 것이었다. 그는 과학이 제공하는 편리함을 예찬하는 것이 오늘날 등산 세계의 재난이며, 등산의 진수를 알려면 기계적인 보조기구를 줄여야 한다고 등반윤리 문제를 거론했다.

프랭크 스마이드를 말하다

영국의 유명 등산가이자 작가인 아널드 런 경이 알파인 클럽 100주년 기념으로 출간한『등산 한 세기 1857-1957』에 '프랭크 스마이드를 말하다'라는 인물평을 실었다. 런 경의 인물평은 이 책에 부록으로 실려 있다. 이 글에서 런 경은 "처음 만난 스마이드는 산에 대한 편집광이었지만 그 후 독서에 대한 강한 편견은 사라졌고 생의 후반부에는 역사, 생물학, 종교, 문학에 이르기까지 열광적인 독서가가 되었으며, 그의 박식함에 감명을 받았다. 또한 사진가로서 색과 선에 탁월한 혜안을 지니고 있었으며 싹싹하고 겸손하며 선한 인물이었다."라고 술회했다.

또한 영국의 유명 등반가 제프리 영은 스마이드를 훌륭한 등산가로 만든 그의 성격에 대하여 "무언가 잘못되어서 역풍이 불어왔을 때, 그의 내부에 느린 불꽃은 더욱 격렬히 타올랐다."라고 찬사를 아끼지 않았다.

아름다운 난다데비 산군에서의 등산과 식물탐사 기록

이 책은 1931년에 작가가 '꽃의 계곡'에서 체험한 등산과 명상의 기록으로 1938년에 출간되었다. 세상에서 가장 아름다운 인도 난다데비 산군의 '난다데비 국립공원'과 '꽃의 계곡 국립공원'에서의 등산활동과 식물 탐사기록이 그 내용이다. 난다데비 산군은 지역 고유의 고산식물로 이루어진 초원과 수려한 자연경관으로 유명한 곳이다. 스마이드는 이곳에서 석 달 동안 머무르며 행복한 시간을 보냈고 이때의 경험을 기록으로 남겼다. 이 기록이 지금 소개하려는『꽃의 계곡』이다. 꽃의 계곡 국립공원은 서부 히말라

메코노프시스 아쿨레아타Meconopsis aculeata

야 산맥의 고지에 자리 잡고 있다. 1988년 이미 세계자연유산으로 등재된 난다데비 국립공원의 험준한 산지를 꽃의 계곡 국립공원의 부드러운 경관이 보완해주고 있으며, 산악인들과 식물학자들에 의해서 1세기 이상, 신두 신화에서는 그보다 더 오래전부터 찬미를 받아왔다. 난다데비(7,816m)는 1936년 영국의 틸먼과 오델에 의해 초등되었으며, 이 등정은 제2차 세계대전 이전의 고산등반 중 가장 훌륭한 등반으로 알려져 있다. 장관을 이루는 산의 야생적 자연은 천혜의 보호구역이라는 점 때문에 처음 주목을 받았으며 틸먼 이후 1939년에 보호구역으로 지정되었다.

이 책에는 31컷의 원색사진으로 장식한 고산의 꽃들이 펼쳐지면서 향기가 코끝을 자극하는 황홀감을 선물한다. 새벽의 하늘빛을 닮은 양귀비꽃(메코노프시스 아쿨레아타)이 들어간 아름다운 표지 일러스트는 이 책의 제목과 무관하지 않다.

이 책의 저자 스마이드는 등반과 휴식, 그리고 사색을 한 가지로 묶어볼 줄 아는 철학적인 안목을 지니고 있는 산악인이다. 그는 이 책에서 치열한 등반 과정뿐 아니라 등반대상지로 이동하는 과정 중 만나는 지역의 풍물이나 기후, 원주민의 외관, 의상, 행동, 생활방식, 관습, 종교, 신화 등은 물론이고 셰르파와 짐꾼들의 사소한 행동이나 성격, 심리까지 세세하게 묘사했다.『꽃의 계곡』은 단순한 등반기를 넘어 식물학적인 연구는 물론이고 민속학적인 내용에 이르기까지 다양한 분야에 대한 기록을 담은 풍성한 책이며 특히, 짐꾼들을 단지 짐꾼으로 대하지 않고 같이 등반을 하는 동료나 친구처럼 대하는 스마이드의 태도는, 다른 등산 관련 책에서는 찾기 힘든 휴먼 스토리와 감동을 선사해준다.

무위에 대하여

스마이드는 꽃의 계곡에 캠프를 치고 3개월을 머물기 전까지는 유럽의 문명권에서 생활했던 문명인이었다. 그러나 그는 비 문명권인 이곳의 무위자연無爲自然 속에서 만족과 행복을 발견했다. 단순한 삶과 단순한 것들 속에 행복이 있을 수 있는지 전혀 알지 못했던 그가 돈이나 물질에 좌우되지 않는 삶을 살고 있는 그곳 주민들의 행복을 보았던 것이다. 그는 산기슭을 걸으며 삶의 의미를 탐색하고 문명인으로 살아온 자신의 삶이 행복했는지를 성찰했다.

그는 무위자연 속에서 맛볼 수 있는 단순한 행복에 대하여 다음과 같은 글을 남겼다. "내 생각으로는 꽃의 계곡에 있으면서 호화판 호텔에서 자고 먹는다면 이것은 마음과 영혼에 최고의 고통이 될 것이다. 우리는 주위 환경에 잘 적응함으로써 행복을 얻을 수 있다. 나는 가르왈에서 기계 장치, 자동차, 비행기를 전혀 볼 수 없었지만 삶에 만족해하고 저마다 행복하게 살고 있는 사람들을 보았다. 한 티베트인의 말 속에 히말라야에 사는 사람들이 서양의 진보를 어떻게 생각하고 있는지 잘 나타나 있다. 그들은 정신문화에 있어서 유럽인보다 우월하다고 생각하고 있다. '우리는 티베트에서 당신들 문화를 원치 않습니다. 당신들의 문화가 있는 곳은 어디나 전쟁과 불행이 찾아오니까요.' 이는 무시무시한 경고이긴 하지만 사실이다."

마나피크 등정과 분다르 계곡

1937년 스마이드는 가르왈 히말라야의 마나피크(7,272m)를 경량속공등반 방식으로 등정한다. 지금의 표현을 빌려 말하면 알파인 스타일 등반이다. 몇 주간의 정찰과 힘든 작업 끝에 그는 이 봉을 오른 후 "내 생애 가장 길었고, 가장 훌륭했으며, 가장 힘들었던 등반을 끝냈다."라고 했다. 이 밖에도 스마이드는 닐기리파르바트(6,481m), 두나기리(7,066m)를 등반했다.

'꽃의 계곡'이라 부르는 분다르 계곡은 우리가 쉽게 범접할 수 없는 중앙 가르왈 히말라야에 있는 5천 미터대의 고산에 있다. 이곳은 꽃을 밟지 않고서는 단 한 발작도 움직일 수 없을 만치 꽃들이 많은 식물군의 보고寶庫다.

새벽의 하늘빛과 같다는 푸른 양귀비꽃 아쿨레아타(표지사진, 19쪽, 147쪽), 이 꽃은 히말라야 꽃들 중의 여왕이라 불린다. 히말라야에서 가장 아름답다는 찬사를 받는 박치니폴리움(173쪽) 등 이 책을 통해서 그 아름다움을 완상玩賞할 기회를 누려보기로 하자. 이 책은 고산식물도감(부록)이라 할 정도로 꽃의 종류가 많이 나온다. 꽃그림만으로도 눈을 즐겁게 할 수 있으리라 믿는다. 이 책에 등장하는 꽃그림은 원전에 없는 삽화이지만 독자들의 이해를 돕기 위해 『히말라야 식물대도감』(2008년 김영사 간행)을 참고하여 새로 그렸다.

이용대

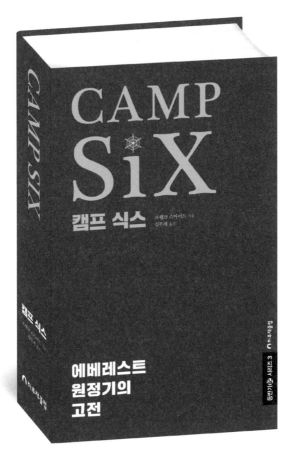

CAMP
SiX

캠프 식스

프랭크 스마이드 지음
김무제 옮김

에베레스트
원정기의
고전

1933년과 1936년 원정대가
인간이 인공적인 보조기구 없이
8,500미터 위쪽의 희박한 공기 속에서
생존할 수 있다는 사실을 입증해주기는 했지만,
결국 그들을 패배시킨 것은 날씨였다.

프랭크 스마이드, 에베레스트, 1933

이 책은 1933년 에베레스트 원정대에 대한 내 개인적인 기록으로, 마지막 캠프까지 갖고 가서 쓴 일기를 토대로 했다. 물론 에베레스트위원회의 허락도 받았다.

대규모 원정대에 대한 개인적인 기록이라는 점에서, 이 책을 통해서는 원정대를 전체적으로 정당하게 평가할 수 없다는 한계가 있기 때문에 보다 종합적인 기록을 원하는 독자는 원정대의 공식 보고서인, 휴 러틀리지의 『에베레스트 1933』을 참고하기 바란다.

지금까지 에베레스트에는 여섯 번의 원정이 있었고, 그중 둘은 정찰이 주목적이었다. 일곱 번째는 1938년에 계획되어 있다. 네 번째인 1933년 원정은 1924년 때처럼 거의 성공할 뻔했었다. 참가했던 대원들은 다음과 같다.

휴 러틀리지Hugh Ruttledge(원정대장)

쉐비르E. O. Shebbeare(부대장 겸 수송)

크로포드C. G. Crawford

버니 대위E. St. J. Birnie

휴 보스테드 소령Huge Boustead

브로클뱅크T. A. Brocklebank

레이먼드 그린 박사Dr. C. Raymond Greene(의료 담당)

윈 해리스P. Wyn Harris

롱랜드J. L. Longland

맥클린 박사Dr. W. McLean(부 의료 담당)

에릭 십턴Eric E. Shipton

스미스 윈덤 중위W. R. Smijth-Windham(통신 담당)

프랭크 스마이드Frank S. Smythe

톰슨 중위E. C. Thompson

웨거L. R. Wager

조지 우드 존슨George Wood-Johnson

육체적인 어려움에 대한 내 기억은 다행스럽게도 너무 허황되어, 지금 와서 생각해보면 내 일기가 과장된 것 같다는 생각이 들기도 한다. 우리가 1933년에 실제로 이런 불쾌한 시간을 보냈을까? 이와 관련해서는 아마도 내가 이전 에베레스트 등산가의 일기를 언급해도 되겠다. 베이스캠프 위쪽에서 등산가들은 그날그날의 사건에 대한 기록을 한결같이 "또 다른 잔혹한 날"로 시작하고 있다.

인간은 본능적으로 자신의 환경을 지배하려 한다. 그리고 에베레스트는 지표면에서 인간에게 마지막 남은 가장 큰 숙제 중 하나다. 이 문제를 풀기 위해서 인간은 과학 지식을 더 늘려야 하고, 또 육체적, 정신적으로 모험을 해야 한다.

에베레스트가 등정될 것이라는 점은 의심의 여지가 없다. 아

베이스캠프에서 바라본 에베레스트(망원렌즈로 촬영)

마도 내년이거나 다음 세대일지 모른다. 모든 원정대는 이 문제를
해결하기 위해 지식을 쌓아야 한다. 그렇지만 결국 등산가가 성공
하기 위해서는 운이 따라주어야 할 것이다. 에베레스트 등정에는
해결해야 할 네 가지 문제가 있다. 첫째는 등반 자체의 어려움인
데 8,500미터에서는 이것이 상당히 크다. 둘째가 고도이고, 셋째

가 날씨다. 첫째, 둘째 문제는 기술과 지식으로 해결할 수 있겠지만, 날씨는 변함없이 예측 불가능한 문제로 남을 것이다. 1933년과 1936년 원정대가 인간이 인공적인 보조기구 없이 8,500미터 위쪽의 희박한 공기 속에서 생존할 수 있다는 사실을 입증해주기는 했지만, 결국 그들을 패배시킨 것은 날씨였다.

끝으로 에베레스트 문제에 대한 어떤 것도 — 비록 그 문제가 아무리 사소하더라도 — 셰르파족과 보티아족에 대한 언급을 빼고서는 완전할 수 없다. 우리가 거의 성공할 수 있도록 그들은 자신의 임무를 잘 수행했다. 그들의 헌신과 용기에 대한 이야기는 에베레스트가 정복되는 마지막 순간에 반드시 글로 남겨 영원히 기억되어야 한다.

프랭크 스마이드

스마이드를 읽는 즐거움
오르고자 하는 열망과 동료애, 배려
그리고 자기 탐구의 기록

『꽃의 계곡』(하루재북클럽, 2016년, 김무제 번역) 이전에 국내에서 출간된 프랭크 스마이드의 작품으로는, 연대순으로 『山과 人生』(금문사, 1968년, 박성용 번역), 『산의 환상』(수문출판사, 1989년, 안정효 번역), 『산의 영혼(수문출판사, 1990년, 안정효 번역)이 있다. 그렇지만 이 네 권을 통해서는 스마이드를 제대로 알 수 없다. 왜냐하면 저자의 8천 미터 이상 고산 등반 모습이 빠져 있기 때문이다. 『山과 人生』,『산의 환상』,『산의 영혼』에는 등반보다는 산에 대한 개인적 감상과 철학적 생각이 주로 담겨있고,『꽃의 계곡』이 6,000-7,000미터급 산에서의 등반 활동을 비교적 자세히 보여주고 있기는 하지만, 그래도 그것만으로는 저자의 고산 등반 활동을 제대로 알 수 없다.『CAMP SIX』는 이런 부족한 면을 채워줄 수 있어, 독자들이 스마이드에 대한 균형적 시각을 갖는 데 큰 도움이 되리라 생각한다.

나는 이 책을 통해 당시 영국의 에베레스트 등반 과정을 엿볼 수 있어서 즐거웠다. 1933년 영국 에베레스트 원정대의 대원으로서 프랭크 스마이드는 산소, 프런트 포인팅 기술, 현대식 피켈, 아이젠조차 없이 에베레스트를 등반했다. 물론 저자가 이런 선택을 하게 되기까지는 당시의 등반 기술의 한계도 있었겠고, 개인적인 취향이나 등산 윤리 혹은 신념도 작용했겠지만, 어쨌든 그 결과 어려움이 어땠을지는 나름 짐작이 간다. 저자는 이런 어려움 — 당시 저자가 어려움으로 인식했는지는 모르겠지만 — 을 이 책에 자세히 기록했다. 역설적이고 미안한 이야기지만, 그래서 그의 기록을 읽는 즐거움은 그만큼 컸다. 게다가 기록이 아주 자세해서 이 책을 읽다 보니 나도 모르게 고산 등반에 대한 많은 정보를 얻게 됐다. 물론 이런 정보가 요즘의 등반에 그대로 적용되는지는 모르겠지만, 기본적 내용은 큰 차이가 없으리라 생각된다.

높은 산이든 낮은 산이든 산은 변함없는 산 그 자체이지만, 산을 오르는 사람들의 기록은 모두 제각각이고, 저마다 제 인생을 살듯이 산을 오르지만 결국 우리는 자신만의 산을 오르는지도 모르겠다. 그런 면에서 모든 등반기는 자신에 대한 기록일 것이고, 그래서 같은 산의 등반기라도 읽을 때마다 늘 새롭고 흥미로울 수 있는 것 같다. 번역을 마치고 보니 에베레스트는 모르겠지만 이제 스마이드는 좀 더 알게 된 것 같다.

스마이드는 1930년 칸첸중가 등반에 이어, 1933년, 1936년, 1938년 영국 에베레스트 원정대에 연속으로 참가했고, 히말라야 등반 개척기에 선구적인 역할을 한 산악인이다. 그는 산을 좋아했고, 또 늘 자유스럽게 산을 오르고 싶어 했다, 우리들처럼. 다만 좀 다른 것이 있다면 그는 늘 기록했다, 글이든 사진이든.

끝으로 히말라야 등반 기록의 고전이랄 수 있는 이 책이 출간되어 무척 기쁘고, 이 책을 읽으며 동서고금을 막론하고 변치 않는 산악인들의 동료애와 자기희생, 산을 오르고자 하는 열망을 다시 한 번 확인하게 되어 산을 좋아하는 한 사람으로서 매우 감격스럽다.

『CAMP SIX』의 번역본은 2000년 영국의 바턴 윅스Baton Wicks와 미국의 더 마운티니어스The Mountaineers가 런던과 시애틀에서 동시에 출간한, 저자의 작품 모음집『FRANK SMYTHE— The Six Alpine/Himalayan Climbing Books』중에서 네 번째 작품인『Camp Six』를 사용했다.

김무제

성공할 뻔했던 원정

『캠프 식스CAMP SIX』는 프랭크 스마이드Frank S. Smythe가 펴낸 1933년 영국 에베레스트 원정대의 등반기록이다.

초등이 이루어지기 20년 전의 일이다. 프랭크 스마이드(이하 스마이드)는 등반 파트너였던 에릭 십턴이 컨디션 난조로 돌아서자, 이전에 어느 누구도 도달하지 못한 에베레스트 8,560m 지점까지 혼자서 올랐다. 그는 로프도, 산소도 없이 악천후를 뚫고 혼자서 등반을 시도하지만 아무런 지원을 받지 못한 상태에서 너무 지친 나머지 포기한다. 에베레스트 등반역사에서 가장 위대한 시도 중 하나였다.

당시 이 원정에 참가했던 스마이드는 1933년의 원정은 거의 성공할 뻔했던 원정이었다고 말한다. 웨이저와 윈 해리스가 6캠프(8,350m)를 출발한 후 정상을 270m 남긴 지점에서 돌아섰기 때문이다.

지금으로부터 84년 전, 영국 에베레스트 원정대는 인도의 다르질링을 출발하여 티베트고원을 가로질러 롱북 빙하에 이르는 기나긴 북방루트를 통해 베이스캠프에 이른 후 고도 8,570m까지 무산소로 진출한다.

맬러리 실종 9년 후에 꾸려진 1933년의 원정대는 1924년의

노스콜(6,900m)의 짐꾼들

원정대와 비교해 달라진 장비가 없었다. 다만 무선통신 장비를 도입한 것이 새로운 것이었다. 히말라야에서 최초로 무선통신 장비를 사용한 덕분에 뉴스를 언론사에 보내거나 캘커타에 있는 알리포어 관측소로부터 매일 기상예보를 수신할 수 있었지만 결국 이들은 악천후 때문에 등정에 실패한다.

스마이드는 1927년부터 20여 년간 등산 활동을 하면서 27권의 산악명저를 남겼는데 『캠프 식스』는 1937년에 출간됐다. 그는 『칸첸중가 모험The Kangchenjunga Adventure』, 『카메트 정복 Kamet Conquered』 등 여러 권의 저서와 사진집을 남겼다. 그중 대표작이라 할 수 있는 『꽃의 계곡The Valley of Flowers』은 하루재클럽을 통해 이미 우리나라 독자들에게 알려졌으며, 『산의 영혼The spirit of the hills』과 『산의 환상The Mountain vision』은 수문출판사에 의해 소개된 바 있다.

스마이드는 지칠 줄 모르는 사람으로, 윔퍼 이래 가장 활발하고 인기 있는 작가였다. 그는 활용할 수 있는 모든 매체, 즉 책, 신문, 사진과 라디오를 통하여 자신이 체험했던 모험으로 사람들의 관심을 끌어들였다. 그가 쓴 『칸첸중가 모험』은 모리스 에르조그가 쓴 『초등 안나푸르나Annapurna, premier 8,000』가 나오기 전까지는 히말라야를 다룬 책 가운데 가장 많이 팔린 책이다.

『꽃의 계곡』, 『산의 환상』, 『산의 영혼』에서는 등반보다는 산에 대한 명상과 철학적 사유를 담았고, 『꽃의 계곡』에서는 7천 미터급 고산에서의 등산 활동을 보여주었다고 하지만, 그것만으로는 저자의 8천 미터급 고산등반 능력과 활약상을 제대로 알 수 없다. 하지만 이번에 출간된 『캠프 식스』를 통해 그의 고산등반 활동의 진면목을 면밀히 살펴볼 수 있는 기회가 될 것이라 생각된다.

그는 산에 오르며 느끼는 많은 경험을 인생과 비유하며 깊은 성찰을 갖고 자연이 인간에게 주는 안락함과 평온함을 감성적으로 표현했다. 그의 저서들은 어느 문학작품 못지않게 문장이 수려하고 우리의 영혼에 여유로움마저 느끼게 한다. 그는 49세에 사망하여 짧은 생애를 살았지만 살아 있는 동안 많은 저술활동과 눈부신 등반활동을 했다.

『캠프 식스』는 그가 마지막 캠프에서 썼던 일기를 토대로 저술했으며, 등반의 극적인 상황과 산의 풍경에 대해 생생하게 묘사했다. 산악문학의 고전이라 할 수 있는 이 책은 에베레스트와 그곳에서 이루어진 초기원정의 위험과 역사에 관심 있는 사람이라면 필독해야 할 소중한 유산이다.

1930년대 훌륭한 등산가 중 한 사람으로 평가받는 스마이드는 초창기 고산등반 발전에 중심적 역할을 했다. 1927년과 1928년 두 번에 걸쳐 몽블랑의 브렌바 벽 등반으로 알프스 등반에 크게 기여했고, 1930년 다이렌퍼스Dyhrenfurth가 이끄는 국제 칸첸중가 원정에 참여했으며, 1931년 에릭 십턴과 셰르파 레와Lewa와 함께 가르왈 히말라야의 카메트(7,756m)를 초등한다. 이는 당시까지 인간이 오른 가장 높은 산이었으며, 중요한 초등기록에 셰르파가 낀 첫 번째 경우이기도 하다. 카메트 초등은 세계 등반사 100대 사건 중 하나로 등산역사에 기록된다. 이어 1933년과 1936년, 1938년에 에베레스트 원정에 연속 참가했다. 1937년에는 가르왈 히말라야에서 마나피크(7,272m), 닐기리파르바트(6,481m)를 초등하

쉐카르종 수도원

는 등 여러 고봉을 '경량속공등반' 방식으로 등정했다. 제2차 세
계대전 중에는 산악훈련 교관으로 근무하였다.

직선거리 150km의 멀고 험난한 대장정

영국 원정대가 1924년 3차 원정을 끝낸 후 1933년의 4차 원정을
재개하기까지는 9년이라는 공백기가 있었다. 그 이유는 티베트의
달라이라마가 입국 허가를 해주지 않았기 때문이다.

영국 에베레스트 4차 원정대는 1933년 3월 3일 인도 다르질
링을 출발한다. 이들은 티베트 평원을 가로질러 롱북 계곡에 이르
기까지 직선거리 150km(약 400km)의 멀고 험난한 대장정을 45일
만에 마무리한다.(156쪽, 카라반 루트 참고)

그들이 행군한 카라반 루트는 다르질링(1933년 3월 3일) - 춤바탕

– 야퉁 – 가우차 – 파리쫑 – 룬제부르 – 림부 – 타창 – 캄파쫑 – 텐게쫑 – 도첸 – 트랑소 춤바브 – 봉추계곡 – 쉐카르쫑 – 판글 – 타쉬쫌 – 초쫑 – 롱북(4월 18일) – 베이스캠프다.

카라반 도중 원정대원들은 1921년 1차 원정 때 캄파쫑을 16km 남긴 곳에서 사망한 켈라스Kellas 박사의 무덤을 찾는다. 그는 영국 에베레스트 도전 32년의 역사 가운데 첫 희생자가 된 사람으로 히말라야 경험이 많은 산악인이었다. 1921년에 세운 비석이 조각나, 사암으로 된 석판을 다시 세우면서 "옴 마니 반메 훔 Om Mani Padmi Hum(연꽃 속 보배에 대한 찬가)"이라는 불교의 기도문을 비문으로 남겼다.

당시만 해도 서양의 기계문명은 티베트 사람들에게는 경이와 흥분의 대상이었다. 그들은 저녁시간 캠프에서 틀어놓는 축음기의 음악과 발전기의 소음, 무선장비에서 나오는 찍찍 대는 잡음을 죽은 자의 영혼을 불러오는 기계로 생각하고 두려워했다. 행군 도중 원정대는 유명한 수도원인 쉐카르쫑도 둘러본다. 히말라야와 관련된 책을 읽어본 독자라면 이 수도원의 사진을 많이 보았을 것이다.

『캠프 식스』에서는 치열한 등반 과정은 물론이고 등반대상지로 이동하는 머나먼 카라반 과정 중에 만나는 지역의 풍물이나 기후, 고도차에 따라 변화하는 식물 상, 원주민의 외관, 불교사원, 의상, 생활방식, 관습, 종교는 물론이고 짐꾼과 대원, 짐 운반용 조랑말과 경비견들의 사소한 행동이나 성격, 심리까지 구체적으로 묘사하고 있다. 원정용 짐 지킴이로 구입한 '경찰'이란 별명의 사나운 개는 대원들을 쫓아 2캠프까지 오른 뒤 크레바스에 빠져 죽는다. 물건을 훔친 짐꾼을 가죽채찍으로 체벌하는 수송담당자의 야만적인 횡포 등 『캠프 식스』는 단순 등반보고서의 성격을 넘어선 흥미로운 줄거리와 주제를 풍부하게 담고 있다.

에베레스트에서 발견된 의문의 피켈

휴 러틀리지H. Ruttledge가 지휘하는 1933년의 원정대는 에릭 십턴을 위시하여 노련한 산악인들로 구성된 팀이었다. 웨이저와 해리스가 무산소로 8,570m까지 진출했으나 정상부의 암·빙벽 지대에서 되돌아섰다. 그들이 등정에는 실패했으나 세컨드스텝(8,680m)을 볼 수 있었던 것은 당시로서는 큰 성과였다. 그들은 퍼스트스텝(8,568m)에서 동쪽으로 230m 떨어진 능선으로부터 18m 아래 지점에서 1924년에 실종된 어빈의 윌리쉬 오브 태쉬Willisch of Tasch 피켈을 발견한다. 이 피켈은 처음엔 맬러리 것으로 여겨져 영국 산악회 도서실 벽에 걸린 채 방치되었다가 38년 만에 피켈의 주인이 어빈임이 밝혀졌다. 피켈 자루에 새겨진 세 줄의 표시는 평소 어빈의 아버지가 지휘봉에 새겨 놓은 표시를 모방해 어빈 자신이 자기 물건에 아버지와 같은 방식으로 표시해왔던 것이었다.

피켈에 대한 논란은 1933년부터 1999년까지 66년 동안 뜨거운 논란을 일으켜왔다. 북동릉 사면 아래 18m 지점이자 퍼스트스텝 동쪽 230미터 지점에서 발견된 그 피켈은 바위 턱이나 크랙이 없는 평편한 바위지대 위에 피켈 자체의 무게만으로 놓여 있었다. 에베레스트에서는 바람이 시속 160킬로미터 이상으로 부는 것을 감안하면 바람의 저항을 거의 받지 않고 그곳에 그대로 남아 있었다는 것은 놀라운 일이다. 피켈이 발견된 지점은 그곳의 지형적 특성 때문에 태풍같이 강력한 바람도 미치지 못한 것 같다.

그렇기는 해도 어떻게 그 피켈이 그곳에 있게 되었을까? 이 문제는 전설처럼 전해지는 맬러리의 정상 등정 여부를 풀 수 있는 일이니 쟁점이 될 수밖에 없다.

등산가들은 맬러리와 어빈이 에베레스트 정상에 도달했기를 바란다. 그렇지만 여러 사실이 이를 반증하고 있다는 것 또한 부정할 수 없다. 정말로 그 피켈이 사고가 일어난 현장을 표시한다면, 또 다른 흔적이 옐로밴드 아래쪽의 부서진 바위들과 눈, 무너져 내린 바위 부스러기로 된 비탈면에서 발견될 가능성이 있어야 한다고 스마이드가 말한 것처럼 이런 사실은 1999년 5월 1일 미국 산악인 콘래드 앵커가 이끄는 맬러리 어빈 조사단이 75년 만에 맬러리의 시신을 이 근처에서 발견한다. 두 사람은 하산 도중 떨어진 것이 분명하지만 정상에 올랐는지의 여부는 여전히 알 수 없다. 조지 맬러리, 어느 누구도 등반가로서 그만큼 많은 이야기와 미스터리를 남긴 예는 없다. 마침내 그의 시신이 발견됨으로써 1924년 에베레스트 비극의 실마리가 비로소 풀렸다. 맬러리 수색대는 시체 발견 후 『Ghosts of EVEREST』란 보고서를 펴낸다.

1933년의 원정은 실패했다. 하지만 이들이 쌓아 올린 경험이 1953년 초등대의 성공을 위한 토대를 마련한 것만은 사실이다.

우리를 패배시킨 것은 날씨였다

스마이드는 4차 원정을 마무리하면서 다음과 같은 소견을 남겼다. "1933년 원정대가 인간이 인공적인 보조기구 없이 8,500미터 위쪽의 희박한 공기 속에서 생존할 수 있다는 사실을 입증해주기는 했지만, 1933년의 에베레스트는 폭풍과 추위로 이어지는 악천후가 계속되어 대원들을 괴롭혔다. 설맹 방지용 안경을 써도 눈이 아프고 관절은 감각을 잃어갔으며, 가장 참을 수 없는 것은 추위와 폐까지 파고드는 얼음 같이 차가운 공기였다. 결국 우리들을 패배시킨 것은 날씨였다."

에베레스트는 그들을 불청객이라 여겼고 더 이상 필요로 하지 않았다. 살을 에는 추위와 갑작스레 몰아치는 폭풍설 속에서 에베레스트는 그들에게 적개심을 드러냈다. 결국 그들은 기상이라는 적 앞에 무릎을 꿇었다.

스마이드는 생전에 세 차례나 에베레스트에 갔지만 단 한 번도 정상을 밟지 못했다. 1956년에 발간된 『캠프 식스』재판의 서문을 쓴 에베레스트 초등대 대장 존 헌트는 "나는 스마이드가 친구였던 것을 영광으로 안다. 그가 살아 있었더라면 1953년 5월 29일의 초등을 어떤 식으로 축하해주었을까?" 그 점이 궁금하다고 했다.

1950년 티베트가 문을 닫고 남쪽 네팔이 문호를 개방하자 많은 사람들이 구름처럼 몰려왔다. 고지대까지 항공기가 짐과 사람을 실어 나르면서 멀고 험난한 카라반은 생략되는 시대가 되었으니 84년 전의 대장정과 비교하면 격세지감이 있다. 영국 원정대는 네팔개방 전까지 17년 동안 일곱 차례나 멀고 먼 북방루트를 이용했다. 1921년부터 32년간 멀고 험한 길을 암중모색해온 영국 원정대의 분투는 진정한 알피니즘의 구현이라 할 수 있다.

이용대

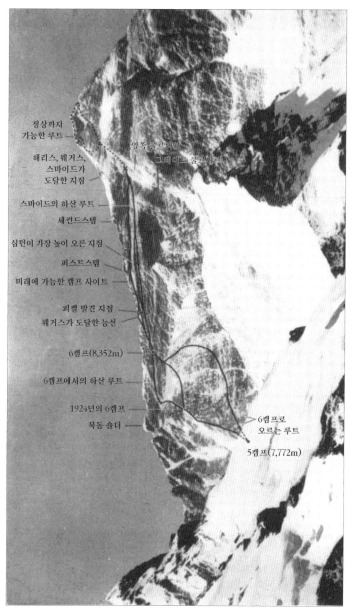

정상까지
가능한 루트

해리스, 웨거스,
스파이드가
도달한 지점

앞쪽 쿨르와르로
그레이프 쿨르와르로

스파이드의 하산 루트

세컨드스텝

심턴이 가장 높이 오른 지점

퍼스트스텝

미래에 가능한 캠프 사이트

피켈 발견 지점
웨거스가 도달한 능선

6캠프(8,352m)

6캠프에서의 하산 루트

1924년의 6캠프

북동 숄더

6캠프로
오르는 루트

5캠프(7,772m)

1933년 원정대 등반 루트

무상의 정복자

위대한 등반가 리오넬 테레이 자서전

나의 인생 나의 철학

세기의 철인 메스너 인생론

엘리자베스 홀리

히말라야의 영원한 등반 기록가

RICCARDO CASSIN

등반의 역사를 새로 쓴 리카르도 캐신의 등반 50년

지은이	리오넬 테레이(Lionel Terray)
옮긴이	김영도
펴낸곳	하루재클럽
분야	등산 > 등반가
펴낸날	2016년 3월 15일
판형	165×234 양장본
쪽수	548쪽
가격	46,000
ISBN	978-89-967455-3-2 03690

지은이	라인홀드 메스너(Reinhold Messner)
옮긴이	김영도
펴낸곳	하루재클럽
분야	등산 > 등반가
펴낸날	2016년 9월 20일
판형	133×213 양장본
쪽수	472쪽
가격	41,000
ISBN	978-89-967455-6-3 03900

지은이	버나데트 맥도널드(Bernadette McDonald)
옮긴이	송은희
펴낸곳	하루재클럽
분야	등산 > 등반가
펴낸날	2016년 9월 20일
판형	125×205 양장본
쪽수	528쪽
가격	38,000
ISBN	978-89-967455-5-6 03900

지은이	리카르도 캐신(Riccardo Cassin)
옮긴이	김영도
펴낸곳	하루재클럽
분야	등산 > 등반가
펴낸날	2017년 7월 20일
판형	125×205 양장본
쪽수	448쪽
가격	36,000
ISBN	978-89-967455-8-7 03900

위대한 등반가 리오넬 테레이 자서전

무상의 정복자

Les Conquérants de l'inutile

리오넬 테레이 지음
김영도 옮김

정말 매력 있는 등정은
그 산이 등산가에게 최고의 노력과 기술을
요구하는 데 있다.

자누, 차크라라후 동봉, 닐기리에 오르다

이 책을 끝까지 읽은 독자들이라면, 너무나 많은 모험과 시련으로 나의 에너지가 점차 말라가고 열정이 식어가면서, 개성 또한 변해가고 있다는 것을 알았을 것이다. 나 역시 철학자들이 말하는 쪽으로 인생의 길을 걸어가는 것이었을까? 마지막 문단은 — 내가 인생을 보다 평화롭게 사는 쪽으로 물러서면서 — 두 번째 자누 원정을 떠맡는 것을 일종의 백조의 노래로 생각하고 있었다는 인상을 줄 것이다.

하지만 이것은 진실과는 거리가 있다. 사실, 1962년은 내 인생에서 가장 활동적이고 중요한 한 해였다.

1961년 7월, 나는 『무상의 정복자』를 끝내자마자 다시 가이드로 나섰다. 그리고 9월에 나는 파리로 가서 대규모 원정대를 조직하는 일에 매달렸다. 모든 일이 잘 되어가고 있을 때인 11월, 나는 파리에서 동남쪽으로 30킬로미터 떨어져 있는 석회암 암장 소수아Saussois에서 딛고 있던 바위가 떨어져 나가는 바람에 10여 미터를 떨어졌다. 그리하여 갈비뼈 6개가 부러지고 흉막에 구멍이 뚫리는 전치 1개월의 부상을 당했다. 운이 좋다면 자누 원정대의 베이스캠프까지는 갈 수 있을 것 같았다. 하지만 정상 공격에 나서는 것은 명백히 불가능했다.

통상의 사회보험 가입자에게는 당연한 진단이었다. 하지만 가이드의 인생이란 그런 것이 아니다. 3일 후에 나는 4시간 동안 사유서와 각서를 썼고, 그로부터 5일 후에 무리하지 말라는 조언을 무릅쓰고 내 임무를 수행하기 위해 아픈 몸을 이끌고 병원을 나섰다.

이 사고로 계획이 늦어졌지만, 원정은 계획대로 진행됐다. 이전보다 규모가 더 크고 장비도 더 좋은 원정대가 3월 초에 자누로 향했다. 베이스캠프는 3월 19일에 구축됐다. 기술적으로 매우 뛰어난 10명의 대원과 30명의 셰르파는 이전의 경험을 바탕으로 4월 18일 6캠프까지 설치하면서 공격을 진행했다. 이 2주일간 우리들의 전망은 너무나 낙관적이었다.

처음에 나는 사고의 여파와 그동안의 운동 부족으로 너무 힘이 들어, 단지 지시하고 도와주는 수준에 머물러야 했다. 하지만 시간이 지나자 점차 나의 몸은 좋아졌다. 3캠프가 설치된 후 나는 다시 등반에 나설 수 있었고, 4월 15일까지 나는 공격조의 한 팀을 맡아 선두에 섰다. 이틀 후 나는 5캠프와 6캠프 사이에 있는 거대하고 가파른 얼음에 고정자일을 설치하면서 앞장섰다. 4월 26일, 비록 내 산소 기구가 제대로 작동하지 않았지만 나는 1년 전에 돌아서야 했던 가장 어려운 바위지대를 올라설 수 있었다. 그로부터 24시간 후 4명의 대원이 마침내 많은 사람들이 불가능하다고 했던 자누 정상에 올라섰다. 그리고 그다음 이틀 동안 나를 포함한 대원과 셰르파 7명이 또다시 정상 등정에 성공했다.

우리는 6월 초에 프랑스로 돌아왔다. 그리고 한 달도 지나지 않아 나는 다시 페루로 갔다. 우리의 목표는 내가 6년 동안 꿈꿔온 가공할 만한 차크라라후 동봉이었다. 1956년 100미터가 더 높은 서봉의 정상에서 우리는 바위와 얼음의 화살촉인, 실로 등정이 불가능할 것 같은 이 봉우리에 대해 자세히 관찰했었다. 그때 얼마나 무시무시해 보였는지, 우리는 서봉의 정상에 성공적으로 올라가고도 이 봉우리를 해보겠다는 생각조차 품지 못했다. 그리하여 이 봉우리 대신 우리는 좀 더 쉬워 보이는 타우릴라후를 선택했던 것이다.

그 등반이 끝난 후 나는 곧바로 이렇게 썼었다. "차크라라후 동봉은 세계에서 가장 강력한 팀을 유혹할 것이다." 이것은 과장이 아니었다. 왜냐하면, 결과적으로 세계 여러 나라의 7개 원정대가 이 산을 목표로 페루에 갔지만, 단지 바라만 보고 돌아섰기 때문이다. 클로드 멜라르가 조직한 우리 원정대는 내가 대장을 맡았고, 경험이 아주 많은 7명의 대원으로 구성되어 있었다. 그중에는 유명한 귀도 마뇽도 있었다. 안데스에서의 나의 경험은 물론이고 자누 원정에서의 고소순응이 남아 있어 나는 큰 어려움을 겪지 않고 앞장서서 등반을 이끌 수 있었다. 동벽을 올라 북동릉으로 가는 우리의 루트는 힘이 많이 드는 잔혹한 곳이었다. 간간이 바위가 나타나지만 얼음이 대부분인 마지막 600미터는 극도로 어려워, 이 고도에서라면 순응이 잘 된 사람이라도 불리할 수밖에 없었다. 어떤 날에는 하루 종일 60미터도 나아가지 못할 정도로 전진이 늦었다. 루트는 실제로 길고도 복잡해 600미터의 수직의 벽을 돌파하기 위해 우리는 2,500미터에 달하는 고정자일을 써야했다. 우리는 8월 18일 마침내 이 길고도 힘든 등반에 대한 보상을 받을 수 있었다. 우리 5명이 얼음을 날카롭게 가공해 만든 듯

한 정상에 올라선 것이다. 다음 날 나는 촬영 담당인 자크 랑귀팡과 함께 고정자일을 이용해 정상에 다시 올랐다. 그러고 나서 4명의 대원이 또다시 정상 등정에 성공했다.

1962년에는 또 다른 모험도 있었다. 나의 네덜란드 친구 에게러와 드 부이가 10년을 준비한 끝에 히말라야 원정등반에 발을 들여놓게 된 것이다. 그리하여 9월 중순 나는 이들과 합류하려고 네팔로 향했다. 항상 그래왔듯이 이들의 목적은 등반도 즐기고 과학 연구도 하는 것이었다. 내가 이끈 이 원정대는 5명의 네덜란드 등산가들로 구성되어 있었다. 우리의 목표는 안나푸르나와 가까운 멋진 닐기리 주봉(7,061m)으로 1950년에 내가 봤던 산이었다.

나는 긴 카라반을 강행한 끝에 이 산의 마지막 마을에서 친구들을 따라잡았다. 우리는 재빠른 정찰을 몇 번 한 후 북벽을 공략하기로 했다. 꽤 경사가 있는 북벽의 중앙이 어려워는 보였지만 바람의 영향을 덜 받을 뿐더러 객관적인 위험으로부터도 비교적 안전해 보였다. 몇 군데의 상당한 바위 장벽을 빠르게 돌파한 후 2캠프를 6,100미터의 테라스에 설치했다. 셰르파가 부족해서 우리들이 직접 모든 짐을 2캠프로 날라야 했다. 그 위쪽은 가파른 얼음지대와 장애물을 돌파하는 것이었는데, 350미터 정도의 그곳에 고정자일을 설치하며 돌파하는 데 6일이 걸렸다. 그리고 마침내 3캠프가 6,500미터에 설치되었다. 마지막 구간은 그다지 어렵지 않아, 그곳을 넘어가는 데는 반나절밖에 걸리지 않았다. 10월 26일이었다. 3명의 네덜란드 친구들과 셰르파 윙디가 나와 함께 정상에 올라섰고, 나는 건너편에 있는 안나푸르나 북벽을 바라볼 수 있었다. 닐기리 초등은 자누나 차크라라후만큼 어렵지는 않았지만 충분히 도전적인 등반이었다. 그리고 또한 이 등반은 등산의 역사에서 한 사람이 1년 동안 3개의 주요 원정을 이끌어 성공한 최초의 기록이자, 2개의 대륙에 있는 3개의 서로 다른 산군에서 성공을 거둔 최초의 업적이기도 했다.

리오넬 테레이

리오넬 테레이로부터 배운 것

반세기에 가까운 지난 세월 동안 등산세계라는 생활권에서 살아오며, 나는 많은 것을 배우고 체험했다. 그것은 일반사회나 제도교육에서 얻은 것과는 사뭇 다른 것이었다.

등산은 조지 핀치의 말처럼 확실히 '스포츠가 아니라 삶의 방법'이었는데, 나는 이러한 것을 리오넬 테레이의 등산에서 구체적으로 보았다. 40여 년에 걸친 그의 짧은 인생은 올바른 알피니스트의 전형적인 모습이었다.

세계 등산의 역사는 어느덧 250여 년을 기록하고 있지만, 그 속에서 역사적인 인물로 남은 알피니스트는 그다지 많지 않다. 그리고 등산의 무대인 대자연이 더 이상 모험과 도전의 대상이 아닌 오늘날의 등산세계에서 그전과 같은 거인들이 나오기는 어렵게됐다. 에드워드 윔퍼나 헤르만 불 그리고 발터 보나티 같은 인물들은 앞으로 기대하기 어렵다는 이야기다.

등산세계에서 역사적인 인물의 조건은 무엇일까? 그것은 한 마디로, 미래를 내다보는 안목과 사상과 행위가 등산의 조류를 바꾸고, 그의 등반기가 영원한 기록으로 남는 것이라고 나는 생각한다. 에드워드 윔퍼의 『알프스 등반기』, 헤르만 불의 『8천 미터 위와 아래』, 발터 보나티의 『내 생애의 산들』이 가장 두드러진 예다.

나는 리오넬 테레이의 『무상의 정복자無償의 征服者』를 뒤늦게 읽고, 알피니스트로 살아온 그의 인생에서 새로운 사실을 알게 됐다. 그리하여 한동안 그의 세계에 감정이입이 되어, 오늘날의 등산세계를 잊다시피 했다. 그리고 일찍부터 등산계에 널리 알려져 있던 '무상의 정복자'라는 독특한 개념이 어디에서 왔는가를 알게 되자, 리오넬 테레이가 한층 더 가깝게 다가왔다.

리오넬 테레이는 알피니스트로서 헤르만 불이나 발터 보나티와 같은 범주에 들기는 어려울지 모른다. 그러나 그는 자신이 처음으로 정의한 "등산은 무상의 행위다."라는 말로 일약 등산계의 위대한 거인이 되었다. 훗날 라인홀드 메스너와 예지 쿠쿠츠카 Jerzy Kukuczka가 히말라야의 8천 미터급 고봉 14개를 완등했을 때 국제올림픽위원회IOC가 그들을 표창하려고 하자, 이를 거부한 것은 그들이 모두 테레이의 말을 금언으로 받아들이고, 그대로 따랐다는 이야기다. 이런 점에서 테레이가 세계 등산계에 미친 영향은 지대하며, 그가 남긴 족적은 역사적 의미를 갖는다.

리오넬 테레이는 1921년에 태어났는데, 알피니스트로서의 그의 소질은 일찍이 열네 살 때 샤모니의 침봉군 중 하나인 그레퐁 등반에서 나타났다. 그는 훗날 루이 라슈날, 가스통 레뷔파와 더불어 제2차 세계대전 후의 프랑스 등산계를 대표하는 '삼총사'의 한 사람으로 활약했다.

테레이의 명성은 1950년 프랑스 안나푸르나 원정 때 절정에 달했다. 당시 그가 없었다면 역사적인 안나푸르나 초등을 이룩한 모리스 에르조그와 라슈날의 운명이 어떻게 되었을지 아무도 모른다. 그 사실은 테레이 본인의 기록보다 대장이었던 모리스 에르조그의 원정기에 구체적으로 나와 있다. 안나푸르나 초등의 클라이맥스는 뭐니 뭐니 해도 당시 등정에 성공하고도 조난에 빠진 에르조그와 라슈날을 테레이가 구조하는 장면이다. 심한 동상과 탈진 상태에 있던 그 영웅들을 자기 자신도 설맹에 걸린 상태에서 헌신적으로 구조한 테레이의 모습은 순결하고 고상했으며, 알피니스트로서 지극한 우정의 극치였다.

리오넬 테레이라는 이름이 우리나라 등산계에 알려진 지는 오래다. 그러나 그에 대한 자세한 기록이 없어 그가 어떤 알피니스트인지 알기가 어려웠다. 그런 의미에서 이 책『무상의 정복자』의 비중은 크고 소중하다.

『무상의 정복자』가 처음 나온 것은 1961년이며, 그 제목은 원래 '쓸모없는 것의 정복자'였다. 이 책은 훗날 영국과 독일에서 연이어 출간됐는데, 이때 독일에서는『하늘의 문 앞에서Vor den Toren des Himmels』라는 제목으로 출간됐다. 이 색다른 제목은 테레이가 라슈날과 만나 산에 빠지게 된 당시를 회고한 글에 나온다.

테레이의 책 속에 "라슈날과 만나다"라는 장章이 있는데, 나는 이것이『무상의 정복자』중 압권이라고 본다. 그 첫머리에 테레이는 "1945년 여름은 내 생애의 일대 전환기였다."라고 하면서, "알피니즘은 지금까지 내 마음을 사로잡았지만 이제는 바로 삶 그 자체이다. 다시 말해서, 알피니즘은 나에게 열정이고 고민인 동시에 생계를 해결하는 수단이 되었다."라고 썼다. 그는 또한 당시를 회상하며 "나는 하늘의 문 앞에서 놀면서 내가 땅 위의 사람이라는 것을 잊고 있었다."라고도 했다.『무상의 정복자』독일어판은 이 대목에 감정이입이 되어 결국 그 제목을『하늘의 문 앞에서』로 했던 것 같다.

　그런데 테레이 자신의 생각이 거기서 그치지 않았다. 훗날 라슈날과 아이거 북벽을 오르며 그의 등산 철학은 비로소 한 차원 높은 경지에 이르렀다. 그는 '아이언'을 오르며 루트를 찾지 못해 고생했는데, 그때 눈앞에 녹이 슨 낡은 하켄이 나타났다. 그것은 분명 앞서 도전했던 칼 메링거와 막스 제들마이어가 그곳에서 악전고투했다는 의미였다. 당시 그들은 불행하게도 연일 계속되는 악천후에 꺾이고 말았다. 1935년의 일이다. 테레이는 이 녹슨 하켄이 암시하는 숭고하고도 처절한, 바로 '무상의 정복자'의 모습을 보았던 것이리라.

　오늘날 세계 등산계에 영원히 남게 된 이 '무상의 정복자'라는 말은 단순히 멋진 언어의 유희나 추상적 시구詩句와 같은 것이 아니다. 오직 전인미답의 준엄한 대자연과 싸우던 알피니스트의 모습에서 얻은 불멸의 키워드요, 금언인 것이다.

　리오넬 테레이는 알피니즘이란 본래 눈과 얼음이 섞인 거벽을 오르는 것이라고 말하며, 아이거 북벽 도전은 완벽한 기술, 불굴의 용기와 의지, 그리고 거기에 행운이 따라야 한다고 했다. 그는 메링거와 제들마이어가 그만한 능력과 소질을 갖고 있었지만, 결국 운이 따르지 않았다고 했다. 이것은 테레이가 자기 자신을 낮추고 그들 선구자들에게 무한한 경의와 찬사를 보낸, 알피니스트로서 돈독한 우정의 발로라고 나는 본다.

　리오넬 테레이의 인간성은 여기에 그치지 않는다. 그가 훗날 히말라야 오지에 사는 원주민들을 바라보는 데도 그의 인간성은 그대로 나타났다. 그는 첨예한 알피니스트이면서도 단순히 눈 덮

알프스 최대 과제였던 아이거 북벽

오버행 등반은 시간이 많이 걸리고 힘도 많이 든다.

인 고산에만 관심을 갖지 않고, 화려한 현대문명을 모르고 사는 오지 사람들의 생활환경에도 남다른 관심과 애정을 갖고 있었다. 실로 그는 알피니즘과 휴머니즘을 공유한 보기 드문 등산 가이드였다.

서구사회에서도 부유한 중류층 가정에서 태어난 테레이였지만, 그는 자연을 추구한 나머지 따뜻한 가정의 온실보다는 냉엄한 대자연의 알프스에 끌려, 끝내 등산 가이드가 됐다. 어느 지방에서 강연을 끝낸 테레이가 그곳 유지의 초청을 받았는데, 한 사람이 그의 신분을 대학교수나 엔지니어로 알자 그는 서슴지 않고 등산 가이드라고 말해 그 사람을 어리둥절케 했다고 한다. 이처럼 그는 등산 가이드라는 직업에 강한 애착과 긍지를 갖고 있었다.

테레이는 가이드란 기술이나 체력보다 정신적·지적 능력이 있어야 하며, 무엇보다도 헌신적이어야 한다고 했다. 알프스의 가이드는 남의 소중한 생명을 책임지고 있기 때문에 언제나 인간의 존엄성을 잊지 말아야 한다는 것이 그의 신조요, 주장이었다. 산이 그리워 평생 대자연 속에서 살려고 직업 가이드의 길을 갔던 테레이였지만, 그의 등산 철학은 철저했다. 그는 어려운 등반에서도 볼트나 사다리를 쓰는 인공등반을 배척하고, 어디까지나 도전적 알피니즘의 길을 갔다.

리오넬 테레이는 마흔이 막 지난 나이로, 1962년 당시 '공포의 산'으로 알려진 칸첸중가 산군의 자누Jannu, 7,710m 정상에 섰다. 그때 그는 "정말 매력 있는 등정은 그 산이 등산가에게 최고의 노력과 기술을 요구하는 데 있다."라고 했다.

나는 인생 후기에 발터 보나티의 『내 생애의 산들』을 옮겼고,

이제 리오넬 테레이의 『무상의 정복자』까지 끝냈다. 늦어도 한참 늦었지만 이런 책은 앞으로 절대로 나올 수 없을뿐더러, 알피니즘의 세계에서 그야말로 시공을 초월하는 문화적 유산이라고 나는 믿는다. 이를테면, 이제 내가 우리 등산계에 비로소 할 일을 다 한 느낌이다.

그러면서도 끝내 아쉬웠던 점은 이들 책이 모두 이탈리아어와 프랑스어로 되어 있어 역자로서는 하는 수 없이 독일어판을 옮겼다는 것이다. 이를테면 중역重譯인 셈인데, 그 점을 생각하고 영어와 일어판도 참고했다. 이 과정에서 느낀 점은 독일어판의 특색인데, 원서의 서술 가운데 그다지 중요하지 않다고 생각되는 부분은 적당히 생략하고 있었다. 여기 독일인다운 사고의 특성이 잘 나타나 있어 번역에 크게 도움이 되었다.

다만, 책의 제목은 우리에게 너무나 잘 알려져 있는 『무상의 정복자』로 했다. 원 제목에 있는 '쓸모없는 것'은 물론 '산'을 가리키는 말로, 산이 등산을 모르는 사람에게는 위험하고 고생스러울 뿐 쓸모없는 것으로 보인다는 이야기다. 그런데 알피니스트는 그런 쓸모없는 것에 목숨을 걸기도 한다.

이제 리오넬 테레이의 책을 끝내고 한숨을 돌리면서, 근년에 나온 라인홀드 메스너의 자서전 『나의 인생ÜBER LEBEN』을 펼쳤다. 하지만 나는 책장을 더 이상 넘기지 못한다. 거기 "사람은 누구나 쓸모 있는 것을 쓸 줄 안다. 그런데 쓸모없는 것을 쓸 줄 아는 사람은 거의 없다."라는 글이 있었다. 리오넬 테레이와 라인홀드 메스너라는 두 거인 사이에는 반세기의 시대차가 있다. 그러나 극한을 추구하던 그들의 등산 철학에는 시공을 초월하는 공감의 세계가 있었다.

여기 옮긴 독일어판은 『Vor den Toren des Himmels Von den Alpen zur Annapurna』로 『하늘의 문 앞에서—알프스에서 안나푸르나까지』로 되어 있다. 1965년도 판이다.

김영도

1965년 베르코르 산군의 주르베 암벽을 오르던 한 등반가가 안개 속에서 400여 미터를 추락해 사망한다. 사체로 발견된 사람은 등산을 무상의 행위로 정의했던 리오넬 테레이Lionel Terray, 1921-1965다. 한치 앞도 내다볼 수 없는 것이 인생이다. 그가 젊은 나이에 요절할 줄은 아무도 몰랐다. 결국 그는 "무상無償의 가치"를 추구하다가 인생을 무상無常하게 끝내버렸다. 짧고 굵게 살다간 테레이의 생애는 무척 화려했다. 그는 세계의 고봉과 거벽을 상대로 활동하며 자연의 횡포를 이겨냈지만 결국 자연의 가혹함 앞에 무릎을 꿇었다.

그는 32년 동안 산을 오르기 위해 태어나고 살아온 사람처럼 평생을 산에 오르다가 44세의 한창 나이에 산에서 최후를 맞는다. 그가 생전에 이룩한 등반 업적은 유럽, 아시아, 남미, 북미까지 활동 반경이 지구 전역에 이른다.

리오넬 테레이는 알프스의 그랑드조라스 워커릉, 아이거 북벽에 이어 히말라야의 안나푸르나, 마칼루, 자누, 남미 파타고니아의 피츠로이, 페루 안데스, 북미 헌팅턴까지 세계의 산을 상대로 4대륙을 종횡무진으로 누비며 등반활동을 했다.

안나푸르나 원정 중의
테레이

원문보다 역문으로 더 유명해진 책 제목

그는 가스통 레뷔파, 루이 라슈날과 더불어 프랑스 등산 역사의 한 페이지를 장식한 위대한 등반가다.

『無償의 征服者』는 불꽃같은 삶을 살다 간 위대한 등반가 리오넬 테레이의 일대기를 다룬 책의 제목이다. 우리가 알고 있는 "무상無償의 정복자征服者"는 일본인들이 만들어낸 제목이다. 그동안은 원문原文보다 역문譯文의 확산효과가 더 컸다. 물론 '무상無償'이란 말도 틀린 말은 아니다. 등산은 생산적인 일과 무관한, 어떤 대가가 주어지는 짓거리가 아닌 무상의 짓거리이기 때문이다. 테레이는 "등산은 대가를 요구하지 않는 인간의 의식과 행동"이라고 정의했다.

원제목은 "쓸모없는 것의 정복Les conquetants de l' inutile"이다. '쓸모없는 것'은 물론 산을 가리키는 말이다. 세상 사람들의 보편적인 기준으로 볼 때 등산은 위험하기 때문에 부상을 입거나 목숨을 잃을 수 있으며, 먹고사는 일과 무관한 비생산적이고 쓸모없는 짓이다. 그런데 산악인들은 먹고사는 일도 아닌 그런 쓸모없는 일에 목숨까지 바친다. 일반인들의 상식으로 보면 등산은 쓸데없는 짓에 불과하다. 하지만 모든 일을 대가 차원에서 평가한다면 삶 자체가 구질구질해질 것이다. 유명 알피니스트들이 쓴 전기나 등정기는 상당수에 이르고 있다. 그러나 수많은 저서 가운데 이처럼 별난 책 제목을 쓴 사람은 테레이가 유일하다. 등산의 세계를 모르는 일반인들이 이 책의 제목을 본다면 산악인들은 쓸데없는 짓거리나 하고 다니는 비정상적인 인간으로 오해하기 쉽지만, 테레이는 '쓸모없는 것'이라는 책제목을 당당하게 세상에 내놓았다. 오늘날 '무상의 정복자' 또는 '무상의 행위'라는 말은 전 세계 산악인들에게 알피니즘의 정체성을 규명하는 금언으로 널리 회자되고 있다.

4대륙의 산을 섭렵한 경이로운 기록

리오넬 테레이의 일대기를 정리해보면 그가 세계의 고산과 거벽에서 얼마나 치열하게 활동했는지를 알 수 있다.

1946년의 그랑드조라스 워커스퍼 4등, 1947년 초등 9년 만에 2등을 기록한 아이거 북벽 등. 1950년 리오넬 테레이는 인류

햇빛을 받고 있는 드류 서벽. 북벽은 그늘 속에 있다.

최초의 8000미터 안나푸르나 초등 팀에 참가하여 초등에 성공한 루이 라슈날과 모리스 에르조그가 동상과 설맹으로 조난상태에 빠지자 위험을 무릅쓰고 구조하여 베이스캠프로 안전하게 귀환시킨다. 그러나 그는 원정대가 안나푸르나에서 돌아왔을 때 군중들의 광적인 환호와 대원들의 모험담을 신화처럼 만들어 나가는 언론의 과장보도, 원정대장 에르조그를 국가적인 영웅 자리에 올려놓고 라슈날과 다른 대원들을 단순한 들러리로 만드는 일에 괴리감을 느낀다. 그리하여 테레이는 환영회 같은 모임은 모두 거부하고 귀국 후 일주일이 되기 전에 다시 산으로 향했다.

1952년 테레이는 파타고니아 산군의 화강암 요새로 악명 높은 피츠로이를 초등한다. 그때 그는 초속 55미터의 살인적인 강풍이 몰아치는 가운데 700여 미터의 거벽에 매달려 하루에 고작 170여 미터를 오르는 극한의 등반을 감행했다. 1954년에는 초몰론조Chomolonzo를 초등했으며, 1955년에는 히말라야 등반 사상 가장 완벽한 등반으로 평가받는 마칼루 초등에 성공한다. 이 팀은 공격대원 전원이 등정에 성공한다. 1961년에는 "등반은 아무런 대가도 바라지 않는 순수한 목적에서 이루어진다."라는 철학을 담은 그의 역저 『쓸데없는 것의 정복자』를 저술한다. 1962년에는 히말라야에서 높은 난이도로 이름난 자누Jannu 북벽과 닐기리 Nilgiri 북봉을 초등했으며, 같은 해 페루 안데스산맥의 코르디예라 블랑카 차크라라후Chacraraju 동봉을 초등한다. 그리고 1964년 그는 알래스카의 헌팅턴Huntington 북동릉을 초등한다. 이처럼 그의 활동반경은 유럽의 알프스, 아시아의 히말라야, 북미의 알래스카, 남미의 안데스까지 세계의 산을 상대로 지구의 4대륙을 섭렵하기에 이르러 경이로운 기록을 세운다.

알프스에서의 전쟁, 평생 파트너 라슈날과 만나다

그는 제2차 세계대전 중 알프스 산악지대에서 독일병과 치른 산악전투에서 용감했고, 샤모니에 있는 육군고산학교에서 교관을 지낸다. 여기에서 그는 평생 파트너가 된 국립산악센터 교관 루이 라슈날과 의사이자 등산가인 자크 우도와 운명적으로 만나게 된다. 후일 세 사람은 안나푸르나 초등 팀의 동료가 되어 다시 재회한다. 당시 테레이는 샤모니에서 우연하게 우도를 만나 프티 드류 북벽을 함께 등반한다. 그들은 이곳에서 가장 어려운 알랭 크랙을 통하여 등반했으며 이들이 오를 당시 이 북벽은 세 번밖에 등반되지 않은 상황이었다.

1945년 여름 고산학교 교관시절, 테레이는 그의 생애에서 일대 전환기를 맞는다. 알피니즘은 그동안 그의 마음을 사로잡았지만 이제는 바로 삶 자체였다. 그에게 등산은 열정과 고민, 그리고 생계해결의 수단이었다. 그는 하늘의 문 앞에서 놀면서 땅 위의 사람이라는 것을 잊을 정도로 등산에 몰입해 있었다.

전쟁이 끝나자 리오넬 테레이는 절친한 친구 루이 라슈날과 함께 그랑드조라스 워커릉을 오르고, 아이거 북벽 제2등을 기록한다. 이러한 명성을 바탕으로 그는 1950년 프랑스 안나푸르나 원정대원이 되어 인류 최초의 8천 미터급 고봉 초등에 공헌하고, 1955년에는 마칼루 정상에 올라선다.

아이거 북벽은 한 번으로 족하다

테레이는 제2차 세계대전 이후 유럽 알피니즘의 정점에 섰다. 그는 같은 시대에 활동했던 가스통 레뷔파, 루이 라슈날, 장 프랑코와 함께 프랑스의 영광을 구현했다. 이들은 당시 프랑스를 대표하는 최고 수준의 알피니스트들이었다.

그의 시대가 막을 연 것은 제2차 세계대전이 끝난 후부터이며, 그랑드조라스 워커스퍼 4등과 초등 9년 만에 2등을 이룬 아이거 북벽 등반이 그의 명성을 유럽 산악계에 널리 알리게 되는 계기가 되었다. 그가 유럽 등산계에서 주목을 받기 시작한 것은 이 시기부터다. 초등 9년 만에 이루어진 아이거 재등再登은 유럽 알피니즘의 주도권이 독일과 이탈리아에서 프랑스로 옮겨가는 계기를 만들었으며, 초등 이상의 갈채와 극찬을 받은 쾌거였다.

그는 아이거 등반 후의 소감을 이렇게 말했다. "아이거 북벽에서 지낸 시간은 내가 일찍이 경험한 가장 감동적인 것이었으나, 다시 한 번 해보고 싶지 않은 것들 중의 하나였다. 한 번쯤은 악마를 시험해보는 것도 좋지만, 그런 일을 자주하면 오래 살지 못할 것이다. 난 이 벽을 다시는 오르지 않겠다. 한 번으로 족하다. 이 등반은 내가 추구하는 6급 알피니즘의 최고 경지를 맛보게 했던 무아지경의 등반이었다."라고 했다.

가이드로서의 직업관

알프스 등산의 여명기와 황금기엔 역사적인 미답봉 초등에 가이드들이 동참했으며 그들의 역할은 상당한 비중을 차지했다. 가이드리스 등반시대가 막을 열기 이전까지는 등반의 성공을 위해 가이드들의 협력이 절대적으로 필요했다. 1921년 아이거 미텔레기 리지 초등에서도 스위스의 명가이드 프리츠 아마터가 함께했고, 1965년 윔퍼의 마터호른 초등에서도 샤모니의 명가이드 미셸 크로가 함께했었다. 윔퍼와 오랫동안 함께 활동했던 이탈리아의 명가이드 장 앙투안 카렐도 당대를 대표하는 명가이드였다.

리오넬 테레이는 루이 라슈날, 가스통 레뷔파와 함께 전후 프랑스를 대표하는 명가이드였다. 상업적인 성공을 거둔 가이드가 레뷔파라면 테레이는 고객의 안전을 최우선시하는, 신뢰도가 높고 책임감이 강한 모범적인 가이드였다. 그는 아르망 샤를레 이후 전통적인 가이드로서 고전과 현대를 잇는 가교 역할을 했다.

테레이는 '6장 대 등반에서의 가이드'에서 가이드의 역할에 대해 다음과 같이 말했는데, 이는 곧 그의 직업관이기도 하며 그가 가이드라는 직업에 만족하고 일을 충실하게 하고 있음을 알게 해주는 대목이기도 하다.

"가이드는 왕이다. 산에서 파티의 선두로 갈 때 그는 신神과 비슷한 사람이다. 그가 하는 일은 별것 아닌 것 같아도, 그에게 맡겨진 사람들의 생명을 한 손에 움켜쥐고 있다. 이러한 특권을 가진 강자는 지구상에 극히 적다. 파일럿이나 선장의 명예가 존중받는 것은 이러한 큰 책임이 그들에게 있기 때문이 아닐까?

가이드가 전설로 만들어진 성자는 아닐지라도 적어도 누구나 될 수 있는 보잘 것 없는 하인은 결코 아니다.

인간의 온갖 활동과 같이 직업 가이드에게는 그것에만 있는 가치들이 있다. 가이드는 좋은 가이드와 나쁜 가이드가 있지만, 기술적으로 뛰어난 가이드가 반드시 가장 우수한 가이드라고 할 수는 없다. 가이드 일이 제대로 옳게 행해지려면 숙달된 기술이나 체력보다 정신적·지적 능력이 필요하며, 또한 그것을 행하는 방법보다 정신이 더 중요한 것이 이 직업의 소중함 중 하나이다.

이 일이 멋진 것은 남에게 즐거움을 안겨주기 때문이다. 좋은 가이드가 되려면 즐거움을 찾아서 온 '손님'이 행복한 환경 속에서 마음껏 그 즐거움을 맛보도록 이끌어주어야 한다. 곤경에 빠진 등산객에게 구원의 손길을 뻗칠 뿐만 아니라, 단적으로 말하면 자기의 나약함을 이겨내려고 하는 사람에게 힘을 보태주기 위해 헌신해야 한다. '손님'의 등반 속도가 아무리 늦어도 절대적인 인내심이 가이드에게는 필요하다. 지치고 원기를 잃은 손님을 정신적으로 도와주며, 끝까지 데리고 가기 위해서는 심리학도 필요하다."

테레이의 가이드로서 몸에 밴 직업의식이 안나푸르나 초등에서도 유감없이 발휘된다. 그는 자신의 위험을 무릅쓰고 조난한 동료 에르조그와 라슈날을 구조하여 생환시켰다.

등산은 무상의 행위

리오넬 테레이는 "등산은 대가가 없는 무상의 행위"라고 말했다. 이 말은 유명한 금언으로 남아 오늘날까지 회자되고 있다. 그러나 그는 고객들로부터 금전적인 대가를 받고 기술적인 편의를 봐주는 직업가이드다. 그런 그가 등산은 대가나 보상을 요구하지 않는 '무상의 행위'라고 말한 것은 매우 아이러니하다.

그는 50년 전에 세상을 떠났지만 전 세계 알피니스트들에게 회자되는 '무상의 정복'이라는 등산철학을 후세에 남겨 놓고 샤모니 산악인 묘역에 묻혀 알프스 산군을 바라보며 영면하고 있다.

사람이 어려움을 무릅쓰고 자연의 일부를 힘과 지능으로 이겨내는 것을 정복征服이라고 한다. 그렇다면 왜 사람들은 산에 오르면서 기를 쓰고 산을 정복하려고 하는 것일까. 산이라는 자연공간의 정복은 인간의 능력에 대한 자기증명의 하나이기 때문일까. 그 해답은 이 책에서 찾아보기 바란다.

『무상의 정복자』라는 책제목 때문에 더 유명해진 테레이의 자서전은 전 세계 산악인들의 필독서가 된 지 오래이다. 250년의 알피니즘 역사에서 이 책은 시간과 공간을 뛰어넘는 문화유산이라고 생각한다. 다소 늦은 감은 있지만 한국에서 완역본이 출간되었다는 것은 한국의 독자들을 위하여 다행스러운 일이라 하겠다. 하루재클럽의 네 번째 책 『무상의 정복자』(리오넬 테레이 지음, 김영도 옮김, 하루재클럽, 2016년)는 산악인들에게 색다른 자극을 던져줄 것이라 믿으며 일독을 권한다.

이용대

라인홀드 메스너 지음
김영도 옮김

나의
인생

세기의 철인 메스너 인생론 ÜBER LEBEN

나의
철학

모험은 언제나
죽음에 대한 불안으로부터 자유롭지 못하다.
수많은 원정에서 생존의 시험대에 올라
있으면서 스스로 생존하는 기술을 체험해왔다.
늘 그런 기분으로
또 다른 생의 단계를 생각하고 준비하며,
살아남는 것이 기술이 됐다.

내가 지금까지 대자연 황무지에서의 느낌을 쓴 글이 셀 수 없을 정도로 많다. 내가 내 방식의 모험을 어떻게 생각하는지 그리고 그 모험이 얼마나 큰 의미인지를. 이런 식으로 나는 내 이야기를 듣거나 내 책을 읽는 사람들에게 한계에 도전하는 사람으로 각인 되어왔다.

　오늘날 많은 사람들은 실내에서 스포츠클라이밍을 하고, 볼더링을 하려고 해외로 나간다. 또한 어린이의 생일이나 기업의 연수프로그램 등에도 자일 타기 같은 이벤트가 많이 있다. 사다리를 타거나 자일에 매달려 허공을 오르며, 때로는 다리에서 뛰어내리기도 한다. 이러한 모험적인 이벤트는 사람들에게 도전 욕구를 불러일으키고 용기를 시험하며, 짜릿함을 느끼게 한다. 사람들은 누구나 자신의 한계를 뛰어넘어보려 한다. 그러면서도 안전에 각별히 신경을 쓰면서 위험한 일이 없기를 바란다. 즉 기술감시협회 TÜV가 공인한 등반으로 안전장치가 있는 정해진 공간, 문명세계의 한 구석에 그런대로 남아 있는 자연이나 문명사회의 나머지 부분처럼 이미 도시화가 된 가짜 황무지에서 모든 이벤트가 이루어진다.

　오늘날 황무지라는 곳은 겉보기에 그럴듯하지만, 실은 인위

칸첸중가에서 프리들 무트슐레히너와 함께

동생 후버트와 그린란드에 갔다.(위) 낭가파르바트의 한스페터 아이젠들(아래)

적으로 만든 곳에 지나지 않는다. 이제 어느 곳에도 본래의 황무지는 존재하지 않는다. 어떤 사람들은 자신이 체험한 '미개척 시대', '험난했던 일들'을 자랑스레 이야기하고, '최초로 도전했다'는 등의 이야기를 하기도 한다. 그러나 이런 이야기는 사람이 갈 수 있는 곳에서 언제든지 도움을 받을 수 있고, 여러 가지로 안전한 곳에 대한 이야기이다. 사람의 손이 닿는 자연에서 견딜 만한 일의 체험인 셈이다. 그렇지 않은 체험이란 비이성적이며 무책임하고 비도덕적이라고 말한다. 나에게 중요한 것은 '지금 이곳'을 벗어난 인간의 속성이며, 길들여진 자신을 벗어난 통찰이다. 그러나 바로 여기에 인간성의 문제가 있다. 사람들은 이제라도 길들여진 생활을 벗어난 세상으로 눈을 돌려야 한다.

나는 인간이란 자율적인 존재라고 믿는다. 나는 평생을 고정관념과 맞서 싸우며 보냈다. 그러나 인간은 스스로 결정하는 것이 가장 중요하기 때문에 삶의 모든 영역이 디지털화되어 자율성을 잃는 것은 우려할 만한 일이다. 무엇이나 효과와 정확성을 따지고 여기에 속도가 붙게 됨으로써 삶의 질과 민주주의 그리고 인간성이 적지 않게 침해당한다.

나는 지금까지 '이성적'으로 살지 못했고, 대자연 속에서 온갖 종류의 통제도 멀리했다. 전체를 위하여 개인을 소중하게 여기고 '올바르게' 사는 것은 자립적인 개인생활에 있다. 그렇다고 해서 전체를 위한 통제에서 벗어나려는 것은 아니다. 우리가 힘을 합쳐서 이룩한 이 사회, 내가 결정하고 이용할 수 있는 이 소모사회의 종합적인 정보와 사실 속에 나도 있다.

민주주의의 방식이라고 하는 투표에서는 얻는 것이 별로 없다. 도대체 정치가들은 무엇을 책임지며, 그들에게 무엇을 기대하겠는가. 내가 관심을 갖는 것은 개인이며, 정치와 기술, 정보가 미치지 않는 도시를 벗어난 오지에서 나는 그런 개인을 찾는다.

오늘날 모험여행과 익스트림 스포츠, 특별한 활동들이 유행하고 있는데, 이것은 전에 없던 일들이다. 어쩌면 창문을 통해 과거의 인간적인 삶을 들여다보려는 무의식적인 욕망의 발로가 아닐까? 아니면, 그전에 할 수 없었던 것들을 다시 해보려는 것일까? 6백만 년에 걸친 인간의 진화를 생각할 때 100년이라는 시간은 아무것도 아니다. 모든 문화가 '점차' 변화과정을 겪는 것은 당연하지만, 특히 문명화된 곳에서는 이런 현상의 속도가 빠르다. 그러나 자연에서는 서서히 변화가 나타난다. 이때 '점차'라는 개념은 매우 상대적인데, 아직 만 년도 되지 않은 도시문화는 백만 년이라는 시간을 생각하면 그저 순간일 뿐이다. 인간은 대체로 유목인 생활로부터 진화과정을 겪어왔다. 따라서 이런 생활이 우리 유전자 깊은 곳에 자리 잡고 있다. 역사상 일찍부터 인간의 많은 공동체가 깊이 관련되어 변화과정을 겪으며 당시의 지적 요소들은 점차 소멸될 수밖에 없었다.

나는 서구세계라는 공간에서 자라, 원정을 통해 많은 전통사회의 모습을 알게 됐다. 그러면서 달리 바꿀 수 없는 학습과정을 거친 생활의 변화 속에 있었다. 그래서 나는 오랫동안 호기심을 갖고 살아왔다. 그런 호기심이 없었다면 나는 수많은 원정에서 자기생존의 시험대에 오르지 못했을 것이다. 나는 고대古代와 다름없는 세계에서 리더십과 모험을 추구하며 생존 기술을 스스로 체험했다. 왜냐하면 위험한 상황에서 많은 사람이 함께 행동하는 것은

내가 몽블랑에서부터 칸첸중가까지를 체험하지 못했다면, 나는 등산의 역사를 말할 수 없었을 것이다. 즉, 페트라르카에서 다비드 라마에 이르기까지의 이야기를.

인간성을 저버리는 일이며, 거기에 어떤 도덕이 없기 때문이다.

나는 지금까지 모험을 의도적으로 하거나 주저하지 않았다. 그저 자연스럽게 했다. 그러나 거기서 일어나는 일들을 주의 깊게 관찰하고 배웠다. 처음에는 인식하지 못했던 것이 언제나 나중에는 크게 마음에 끌렸다. 그때 나는 나 자신이 어려운 상황이라는 것을 알았고, 우리가 요구하는 극한적인 조건 속에 파트너가 있는 것을 눈으로 보았다. 이렇게 해서 나는 인생을 체험하고 생명을 유지하는 일이 어떤 것인지 알게 됐다.

수천 년 동안 함께 살아온 호모사피엔스의 본능적인 활동이 오늘의 세계이며, 거기에 종족번식과 문화, 상호관계 등이 지속적으로 형성되어 왔다. 이 모든 사회적 현상은 집단생활에서 점차 도시와 국가 형태로 발전하며 그 필요성을 띠게 됐다. 5천 년 전이나 그 이전에도 벌써 종교적·시민적 규제가 있었다. 그러나 그런 풍습이 일부 남아 있어 지금도 우리 속에서 원시인간의 모습 같은 것을 엿보게 된다. 우리가 지난날 유목민족이었다고 믿는 것은, 한때 우리가 그렇게 살아왔다는 것을 말한다. 이것은 우리의 의지와는 관계가 없으며, 우리가 세상을 인식하고 체험하며 살아남았다는 것, 그 자체가 오늘의 세계시민이면서도 전 세대前世代 인간으로 살고 있다는 이야기다. 적어도 우리 내면의 세계, 즉 유전자 속에 우리는 동물보다 훨씬 더 잘살고 싶어 하는 강한 욕망이 있다.

나는 이른바 원시적인 공동체와 오늘의 도시생활이라는 이중 의식 속에 살고 있다. 그리하여 지식과 본능 속에서 생존 가능성을 찾아가며 이성과 정서를 따르고 있다. 그러면서 나는 오늘날의 도시인들에게 이것이 얼마나 가치 있는 것일까 생각하며, 다양한 인간 경험을 가능한 한 보다 넓게 그대로 남겨두고, 지금의 상태에서 절대로 손상을 입지 않도록 하는 길밖에 없다고 생각한다.

나에게는 대자연과 전통적인 사회의 생활양태가 제도교육보다 더 중요하다. 나의 세상과 인간성을 보는 눈은 모험을 통해서 형성됐다. 온갖 위험 앞에서 내 생활은 오히려 풍요로웠다. 오늘날 도시문화의 폭넓은 주도권은 기술과 정치, 군사적인 힘으로 이루어졌다. 현대적인 산업사회는 공동생활을 위한 적절한 방법이나 공정한 조치를 전혀 취하지 못했다. 아동교육이나 노인대책은 더욱 제자리를 찾지 못하고 있다. 대자연에 대한 생각이 변하고 있는 가운데에서 나는 원주민이나 나의 파트너들과 일종의 타협안을 찾아왔다. 이에 반해 문명 속의 갈등은 잔잔한 날이 없으며, 공동체의 분규 해결은 문명사회의 발전과 더불어 더욱 멀어지고 어려워지는 듯하다. 아마도 이러한 의문 자체가 잘못된 것일지도 모른다. 이런 해묵은 문제에 대한 해답은 없을지 모른다. 도대체 인간이란 무엇인가? 이 풀리지 않는 문제의 인식이 더욱 중요하다. 물론 우리는 인간이 함께 살아가기 위해 이 문제의 해답을 계속해서 찾아야 할 것이다. 이것이야말로 수천 년 동안 우리가 풀지 못한 숙제다.

라인홀드 메스너

지난 해 초 라인홀트 메스너가 인생에 대해 글을 썼다는 것을 알게 됐다. 그 책의 표제가 바로 『ÜBER LEBEN』, 영어로 말하면 'On Life'이니 '인생에 대해서'이다. 나는 이 새로 나온 책을 펴들자 메스너의 마지막 책이라는 생각부터 들었다.

메스너는 1944년생이니 그가 칠순을 맞으며 이 책을 펴낸 셈인데, 지금까지 많은 책을 썼지만 그중 단연 돋보인다. 간단히 말해서 지난날의 책들은 거의 산행기였는데, 이번 것은 그런 산행기와 전혀 다르다. 그렇다고 수상록이나 수필도 아니다. 메스너는 산행을 끝내면 으레 책을 쓰고 강연을 했는데, 이 책을 읽으며 나는 마치 그의 강연을 듣는 기분이었다. 강연에는 그때마다 주제가 있기 마련인데, 이 책에 나오는 70개 항목의 작은 제목들 하나하나를 바로 강연 제목으로 보아도 좋을 것 같다.

메스너는 알피니스트로 뛰어났을 정도가 아니라 세계 산악계에서도 보기 드문 존재다. 거기에는 남다른 글 솜씨도 한몫한다. 그는 대학에서 공학을 공부했는데, 그의 글과 생각은 공학도가 아니라 철학도 같은 느낌을 준다. 등산은 원래 사람과 산의 만남으로 이루어지지만, 메스너는 일반 산악인과 달리 자연과 인간의 관계를 보고 있다. 세상을 보는 눈이 다르다. 그의 인생론인 셈이다.

　나는 긴 세월 등산세계에서 살아오며 역사적 인물과 그들의 책을 읽었으며, 메스너 책도 여러 권 우리말로 옮겼다. 그러면서 나 자신 그에게서 많은 것을 얻었다.

　메스너의 인간성은 특이하다. 그처럼 자아의식이 강한 사람도 흔치 않다. 메스너의 산행기는 그런 인간이 살아온 이야기며 그것이 이 책에 잘 나와 있다. 그는 '자기 결정', '자기 책임'… 식으로 '자기'를 강조한다. 남달리 한계 도전으로 일관했던 메스너로서는 당연한 일일 것이다. 죽음의 지대에서 혼자 싸울 때 믿고 의지할 것은 '자기'뿐이라는 주장이다.

　사실 메스너만큼 그런 극한의 세계에서 싸우고 살아온 사람도 없다. 극한등반에 나오는 '한계상황'이나 '죽음의 지대'라는 말은 메스너의 조어造語나 다름없다. 뿐만 아니라 이른바 등반 난이도 체계에 제6급이라는 상한선을 없앤 것이 바로 메스너였다. 그의 책 『제7급』이 그것을 증명하고 있다. 지금은 산악계에 '익스트림 클라이밍'이라는 말이 유행하고 있지만, 그런 말이 나오기 전에 메스너는 혼자 그 길을 갔다.

　이번에 메스너가 쓴 책은 그 표제부터 이색적이다. 'ÜBER LEBEN' 자체는 흔한 표현이지만, 그 말이 'ÜBERLEBEN'(생존)이라는 낱말에서 왔다는 것이 흥미롭다. 독일어에는 언어의 희롱이 적지 않은데, 그의 인생론 표제도 이런 말재주에서 왔다. 다시 말해서 'ÜBERLEBEN'이라는 낱말을 뗐다 붙였다 하며 그때그때 전용하는 솜씨가 남다르다. 그리하여 메스너는 인생론을 'ÜBERLEBEN', 'ÜBERLEBEN', 'ÜBER LEBEN' 셋으로 전개했다.

메스너의 아홉 형제들. 왼쪽에서 두 번째가 권터, 오른쪽에서 두 번째가 라인홀드

메스너는 일찍이 히말라야 8천 미터급 고봉 14개를 인류 역사상 처음으로 완등하고, 그 체험기를 『ÜBERLEBD』(나는 살아서 돌아왔다. 김성진 역)로 내놓았다. 말 그대로 한계상황인 죽음의 지대에서 죽지 않고 살아 돌아왔다는 이야기다.

그는 1970년 낭가파르바트 원정에 참가하면서부터 극한세계에 뛰어들었다. 그 뒤 히말라야 고산군을 비롯해서 남극과 북극 등 극지 탐험에 몽골 고비 사막까지 뚫고 나갔다. 그 과정에서 에베레스트 무산소 등정을 성취해 알피니즘 역사에 획기적인 전기를 마련했으며, 이어서 낭가파르바트(8,126m)를 6일 만에 알파인 스타일로 등정해냈다. 이로써 '한 인간과 8,000미터'라는 참신한 등산 개념과 과제를 세계 산악계에 내놓았다. 그의 인생론은 그렇게 살아온 저변에 깔린 그의 감정이며 의식인 셈이다.

나는 인생을 지식과 체험의 누적 과정으로 보며, 산악인은 등산세계에서 바로 그 과정을 밟고 있다고 생각한다. 조지 핀치가 "등산은 스포츠가 아니라 삶의 방법"이라고 했는데, 그 이상 가는 말을 나는 등산에서 찾지 못한다. 나도 산악인의 한 사람으로서 그의 말을 전용해 "산악인은 생활인이어야 한다."라고 주장한다. 등산은 여가선용이나 건강을 위한 것이 아니며, 생활의 연장이고 생활 자체라는 이야기다.

라인홀드 메스너의 경우는 어떤가. 그에게 등산은 바로 인생이었으며, 등산을 빼면 그의 인생은 없다. 그는 평생 직업이 없었다고 스스로 말하고 있다. 그의 긴 인생에서 잠깐 색다른 시기가 있었다면 유럽의회 의원이었다는 것이나, 임기가 끝나자 그는 바로 몽골 고비 사막으로 가버렸다. 또한 고향에서 산간 농부 생활을 했지만 그것이 그의 직업은 아니었다.

역사상 뛰어났던 등산가는 보통 단명短命했다. 예외가 없는 것은 아니나 그토록 거칠고 험한 길에서 살아남기가 결코 쉽지 않다는 이야기다. 메스너가 자기 인생론을 쓰면서 그 주제를 '생존'으로 한 뜻도 이런 데서 찾을 수 있을 것이며, 내가 이 책을 메스너의 마지막 책으로 보는 이유도 거기 있다. 물론 그는 앞으로도 글을 쓰겠지만 그것은 필경 수상이나 수필일 것이며, 그의 인생론은 넘지 못하리라고 생각한다.

메스너가 칠순을 맞으며 70개 항목에 걸쳐 내놓은 이번 책은 결코 진부하고 천편일률적인 형식논리가 아니며, 더구나 교육적이거나 도덕적이지도 않다. 그의 주제 전개가 산만하지 않고 난삽하지도 않은 것은 그것이 바로 자기 체험의 소산이기 때문이리라. 그러면서 그 속에서도 유난히 돋보이는 것들이 있다. 가셔브룸1봉 도전 때의 이야기나, 히말라야 고봉 무산소 도전, 리카르도 캐신을 대장으로 했던 이탈리아 로체 남벽 도전 등은 그 자체가 축소된 등반기면서 독특한 뉘앙스를 안겨준다. 그것은 메스너의 남다른 인간성에서 오는 것이 아닐까 생각한다.

산에 가는 사람은 많아도 자기 체험기를 남기는 사람은 적다. 그리고 등산가로 인생론을 쓴 사람은 거의 없다. 메스너는 명실 공히 세계 최강의 알피니스트다. 그런데 그는 주변에 적지 않은 적을 가지고 있다. 그를 따라가지 못하는 자들의 질투와 불만에서 온 것이겠으나, 메스너 자신은 그들과 정면으로 싸우지 않았다. 그들이 메스너의 명성을 헐뜯어도 그가 이룩한 것을 부정하지는 않았기 때문이다.

메스너는 자기만을 믿다 보니 신神을 믿지 않았으며, 자기 일을 운명에 맡기지 않았다. 그는 언제나 자기 능력의 한계에 도전했지만 끝내 감정을 넘어서지 못했다. 1970년 낭가파르바트에서 동생 귄터를 잃었을 때의 고난과 시련은 평생 그를 따라다녔다.

그처럼 절박했던 당시의 이야기가 짧게 압축된 글로 이 책 '죽음'에 나온다. 카오스나 다름없는 상황에서 길을 뚫고 나갈 때 으레 뒤에서 오리라고 믿었던 동생 귄터가 보이지 않아 그는 오던 길을 되돌아갔다. 그때 그를 엄습한 회의와 공포와 절망은 제3자는 결코 알 수 없다. 당시 메스너는 산악계에 알려져 있지 않았을 뿐더러 히말라야 고봉과 처음 부딪친 처지였다. 그러나 그때를 기점으로 오늘의 메스너가 만들어졌다.

과거는 누구에게나 조용한 회상으로 남아 있다. 그런데 메스너에게는 그렇지 않았으며 끝까지 자신을 괴롭혀왔다. 그가 살아오며 넘은 숱한 산과 고개에서 1970년의 낭가파르바트만큼 힘든 길은 없었다. 그러나 강철 같은 철인도 어려서 형제들과 겨울 산행하던 때를 잊지 못하고 있다. 얼어붙은 물을 찾아내 산장에서 그 물로 따끈한 커피를 끓이고 굳은 빵조각으로 얼고 지친 몸을 녹이던 이야기를 칠순의 노 산악인이 그의 인생론 한구석에 남기고 있다.

이 책은『Reinhold Messner ÜBER LEBEN Piper Verlag GmbH, München 2014』를 번역 대본으로 사용했다.

김영도

자아의식이 강한 메스너의 인간성을 우리식으로 표현한다면 '쌀쌀맞고 오만'한 사람이다. 2016년 방한 때 나는 그를 가까이에서 볼 수 있는 기회가 여러 차례 있었으며 적어도 몇 날 동안 접해보고 얻은 느낌이다. 평소 그가 남긴 여러 저서들을 보면 미소 짓는 온화한 모습은 전혀 볼 수 없고 거부감을 주는 굳은 표정이 그의 트레이드 마크였다. 하지만 이번만은 조금 다르다 이 책의 표지 사진을 보면 독자를 향해 만면에 미소를 띠고 있는 온화한 모습이다. 그도 이제 고희古稀를 맞았으니 무언가 인생관이 조금은 변한 듯싶다.

『나의 인생 나의 철학』은 세계 최고의 등산가 라인홀드 메스너가 70세를 맞이하면서 70개의 주제를 설정하고 자신의 인생과 철학에 대해 소회를 밝힌 책이다. 그동안 그가 저술한 책은 50여 권에 이르지만 대개는 극한등반가로서 한계상황을 극복한 등반 기록이 주된 내용이었다. 하지만 이번에 펴낸 『나의 인생 나의 철학』은 종전에 펴낸 책들과는 영역을 달리하는 인생론이다. 이 책은 70개의 단상을 묶어 인생문제를 풀어낸 단상 모음집 내지는 유년시절과 성장기로부터 위대한 산악인으로 성장한 지금까지의 인생역정歷程을 조명한 자서전 성격의 저술이라 할 수 있다. 이 책은 경험, 생존, 인생의 세 장으로 나뉘어 있으며 70개의 단상을 주제에 걸맞게 풀이하고 있다.

주제와 관련하여 우리의 시선을 끄는 것은 '자기 성찰', '자기 신뢰', '자기 결정', '자기 책임'과 같이 철저하게 '자기'를 내세우는 주제가 많다는 것이다. 이는 평생을 한계에 도전하며 살아왔던 메스너가 생사를 가르는 경계에서 혼자 싸울 때 믿고 의지할 것은 오직 '자기'뿐이라고 주장하며, 자신만을 믿다 보니 그럴 수밖에 없었을 것이다. 그는 이 책에서 일찍이 극한의 자연에서 겪은 체험과 산에서 죽음과 맞서 싸웠던 일들을 담담하게 술회한다.

메스너는 '공포'라는 주제에서 1975년 로체남벽 원정에서 두 번의 눈사태가 베이스캠프를 휩쓸었을 때의 일을 중요체험이라고 말하며 모험은 언제나 죽음에 대한 불안으로부터 자유롭지 못하다고 했다. 생지옥으로 돌변했던 그때의 기억이 15년 동안 따라 다녔다고도 했다. 그는 수많은 원정에서 자기생존의 시험대에 올라 있으면서 자기 스스로가 생존하는 기술을 체험해왔다. 그는 늘 그런 기분으로 또 다른 생의 단계를 생각하고 준비하며, "살아남는 것이 기술이 됐다"고 말했다.

'등반스타일'은 알피니즘의 정체성을 규명할 때 전제가 되는 명제다. 이 주제에 대해 메스너는 스타일이란 '가능한가, 불가능한가'라는 의문 외에 그 방법과 환경까지 고려할 때의 이야기이며, 자신은 등반가를 스타일로 판단하지 결코 명성이나 기록, 또는 등반횟수 등으로 평가하지 않는다며 스타일의 중요성을 피력했다. 1960년대 요세미티에서 클린클라이밍을 등반유산으로 남긴 로열 로빈슨과 이본 취나드가 만든 독특한 등반스타일은 그것이 세계 산악계에 알려지자 효과가 컸다. 그들은 하켄과 볼트는 물론 프렌드까지도 등반스타일로 인정하지 않았다. 이상적인 등반루트를 찾는 것은 창조적인 행위이며 무엇보다 자연을 소중히 여기는 일이다. 이것은 한 발 더 성장하는 산악계의 철학이며, 창조적인 업적이었다. 오늘날에는 요세미티 스타일이 고산원정등반 스타일이 되어 다시 각광을 받고 있으며 현대등반의 사조가 되었다. 그들이 해낸 모험의 종류와 내용은 훗날 등산역사에서 높이 평가 받는다. 나는 과거에 '정당한 방법by fair means'으로라는 철학에서 영향을 받고 현재도 이런 사상을 갖고 있다.

메스너는 '스캔들'이란 주제에서 한국 여성등반가 오은선의 경우를 예로 들었다. 그리고 자신의 다른 저서 『정상에서ON TOP』에서도 다음과 같은 견해를 밝혔다. "그녀의 여성 최초 14좌 완등 레이스를 인정치 않으려 드는 태도는 공정치 못한 모략이며 그 배경에는 유럽인들의 인종주의가 숨어 있다. 유럽 언론이 유럽 출신 경쟁자의 명성을 위해 비방을 일삼는 것은 대중의 입맛에 영합하려는 싸구려 포퓰리즘이다. 이런 일은 수적으로 우세한 집단을 상대로 횡포와 부당한 일에 대항하는 능력은 경탄할 일이지만 대개의 경우 그것은 도발자의 승리로 끝나며, 자기의 신조를 공개하는 용기는 실패한다. 결국 중요한 것은 이 세상에서 벌어지는 일은 스스로 극복하는 것이다."

'자일 파티'라는 주제에서 메스너는 다음과 같은 말을 남겼다.

"나는 한 번도 등반이나 모험에서 파트너와 싸운 적이 없다. 목표를 달성했어도, 혹은 실패했어도 그랬다." 또한 '신뢰'라는 주제에서 그는 파트너에 대해 관대해지는 법을 배웠다고 했다.

하지만 메스너의 이런 말은 실제로는 허구에 불과하다. 그가 1978년 페터 하벨러와 에베레스트에서 세계 최초로 상식을 초월한 무산소 등반을 이룩한 뒤 둘 사이의 우정에 금이 간 일은 세상이 다 아는 사실이다. 이점에 대해 의문을 제기한다면 메스너는 무엇이라고 답변할지 궁금하다.

등반이 끝난 뒤 하벨러는 『고독한 승리Der einsame Sieg』라는 등반기를 펴낸다. 이 등반기에 기록된 하산 과정에 관한 이야기가 메스너의 자존심을 상하게 한 것이 그들이 헤어진 원인으로 알려지고 있다. 정상에 오른 메스너는 사진을 찍기 위해 고글을 벗은 것이 원인이 되어 설맹에 걸렸고, 한 치 앞도 내다볼 수 없는 상황에 처하자 하벨러의 옷자락을 잡고 자기를 버리고 가지 말라고 애원했다는 내용이 메스너의 자존심을 상하게 했다는 것이다. 세계 산악계의 최강자임을 자처하던 그에게 하벨러의 등반기는 자존심을 건드리는 충격으로 작용했을 것이다.

'지식'이란 주제에서 메스너는 다음과 같은, 경구가 될 만한 말들을 남겼다. "산악인들끼리 서로의 경험을 공유하는 것은 특히 젊은 등반가들에게 무엇을 배울 수 있는 좋은 기회가 된다. 특히 위험에 대해서 사건이 구체적일수록 배울 수 있는 교훈이 많다. 위험은 제대로 알아서 불필요한 모험을 하지 않는 것이 옳다. 나는 아마도 선배들의 경험을 배우지 못했다면 살아남지 못했을 것이다. 선배들의 충고에는 절대로 패닉panic에 빠지지 말라는 당부도 있다."

또한 메스너는 등산의 발전역사는 산에서 체험한 것의 총화

라인홀드가 등반하는 모습

라고 하며 다음과 같이 말했다. "1965년 발터 보나티가 마터호른을 동계에 단독으로 직등하여 전통적인 알피니즘에 종지부를 찍었다. 그의 모범은 산에서는 무한한 체험이 가능하다는 것을 알리는 것이었다. 그런 체험으로 나도 새로운 것을 알았는데, 그것은 내가 살아있을 때만 가능한 것이었다. 오늘날 나는 그렇게 살고 있다. 등산만큼 자유로운 직업도 없다고 하지만, 뛰어난 알피니스트의 절반이 쉰 살을 넘기지 못했다. 많은 사람들이 자신의 모험에서 살아남지 못한 것이다. 그러나 선구자로서 스스로 남다른 지식과 경험을 가졌던 사람들은 제대로의 생존 기회를 가질 수 있었다. 물론 거기에는 운도 따라야 한다." '지식'이라는 주제로 메스너가 쓴 글을 요약하면 '경험 공유'와 '등산가의 요절夭折'이다. 이는 산악인들이 일상에서 현실적으로 체감할 수 있는 문제들이다.

'신뢰'라는 주제에서 메스너는 "나는 단독 등반가로 태어나지 않았다. 그러나 나는 단독 등반가가 됐으며, 고독했고 독단적이었으며 남의 말을 듣지 않았다."라고 했다. 이 점은 어떤 동기에서건 남의 말을 듣거나 믿지 않던 그의 선배 산악인이기도 한 발터 보나티의 생각과 유사한 점이 있다. 보나티는 배신의 충격에서 벗어나기 위한 자구책으로 단독등반을 했다.

K2 초등 팀에 최연소 대원으로 참가했던 보나티는 동료의 배신으로 고통과 좌절을 맛본 후 조직적인 팀 등반에 환멸을 느껴 자신만을 믿기로 했다. 그 결과 단독등반이라는 개인적인 형식을 택한 것이 드류 남서 필라와 마터호른 북벽 동계 단독 등반으로 이어졌다.

동서를 막론하고 성공적인 삶을 살아온 사람들에게서 느끼는 공통점은 독선이 강하다는 사실이다. 나는 고희를 맞은 메스너가 또 한 권의 저술을 하였으니 이제 이 책은 그의 마지막 저서가 아닌가 하는 생각을 떨쳐버릴 수가 없다.

나는 20세기 현존하는 가장 위대했던 알피니스트가 매 순간 목숨을 걸었던 모험을 바탕으로 했던 인생을 정리하면서 펴낸 회고록이니 이 책을 꼭 한 번 읽어보라고 권하고 싶다.

이용대

히말라야의 영원한 등반 기록가

엘리자베스
홀리

버나데트 맥도널드 지음
에드먼드 힐러리 경 서문
송은희 옮김

KEEPER OF THE MOUNTAINS: The Elizabeth Hawley Story

홀리가 그러는데 정상에 오르지 못했대.
다시 가야 해.

이 글쓰기 모험을 도와준 모든 분들에게 감사드린다. 이 출판 프로젝트에 지원과 격려를 아끼지 않은 '마운티니어스 북스'의 헬렌 체를로, 이렇게 멋진 제목의 책을 만들어준 '로키 마운틴 북스'의 돈 고만에게 감사드린다. '밴프 센터'가 6개월간의 휴가를 주지 않았다면, 나는 이 프로젝트를 수행할 수 없었을 것이다. 이 기간 동안 자료를 조사하면서 원고의 상당 부분을 썼다. 자유롭게 일할 수 있는 기회를 준 밴프 센터의 메리 호프스태터와 흔들림 없이 지원해준 '마운틴 컬처' 드림팀에 감사드린다.

　리처드 솔즈버리는 엘리자베스 홀리와 공동 프로젝트를 진행하면서도 긴밀히 협조해주고 의견을 제시해줬다. 파울라 론리나는 자료 조사를 도와줬다. 이본 딕슨은 친절하게도 녹음장비를 빌려줬고, 맥파일은 카트만두에서 녹음한 오디오테이프가 최상의 음질이 될 수 있도록 도와줬다. 프란 훈지커는 남아공 케이프타운의 자신의 뒷마당에 있는 오두막집과 함께 독일산 셰퍼드 맥스와 머피를 빌려줬다. 프랑스의 산악인 캐서린 데스티벨은 프로방스 지방에서 가장 멋진 풍경을 볼 수 있는 작업실을 제공해줬다.

---

*　캐나다 로키산맥에 위치한 밴프의 복합 문화공간이자 밴프 국제 산악영화제와 북 페스티벌이 열리는 곳

프로젝트 초반, 찰리 휴스턴은 내가 잡아먹을 듯 덤벼드는 괴물처럼 굴지 않을 것이라며 홀리를 안심시키는 편지를 써줬고, 힐러리 부부는 나 ― 그리고 홀리 ― 에게 이 프로젝트가 좋은 아이디어라는 확신을 심어줬다. 브로튼 코번은 참고도서를 빌려주면서 항상 관심을 갖고 격려해줬다. 홀리의 조카 부부 멕과 마이클 레너드는 홀리의 어린 시절이 담긴 귀중한 편지와 사진을 한 상자나 빌려줬다. 마리아 코피는 이전 출판 프로젝트 때 녹음한 인터뷰 테이프를 빌려주며 지원해줬다. 리사 최걀은 아주 유용한 이메일과 사진 자료를 제공해줬다. 엘리자베스 홀리와 직접 연락이 닿지 않을 때 팩스를 전달해준 앙 리타에게 고마움을 표한다. 또한 초기 원고들을 아량 있게 읽어주고 충고해준 제프 파우터, 존 포터, 레슬리 테일러 그리고 사실 여부를 꼼꼼히 확인해준 안느 리올에게 특별한 감사를 드린다. 이 새로운 책을 오랫동안 면밀히 살피면서 교정을 봐준 밥 A. 셸호우트에게도 깊은 감사를 드린다.

덧붙여 홀리 여사에 대한 이야기를 들려주기 위해 기억을 짜내준 모든 분들에게 감사드린다. 이 책에 다 언급할 수는 없지만, 이분들과의 인터뷰가 많은 도움이 됐다. 에드먼드 힐러리, 힐러리 부인, 크리스 보닝턴, 라인홀드 메스너, 조지 밴드, 토마스 후마르, 에드 비에스터스, 장 크리스토프 라파이유, 더그 스콧, 데이비드 브리셔스, 오드리 살켈트, 톰 혼바인, 타시 텐징, 찰스 휴스턴, 로빈 휴스턴, 알린 블룸, 쿠르트 딤베르거, 레베카 슈테판, 보이텍 쿠르티카, 그렉 차일드, 존 포터, 실비오 카로, 안드레이와 마리아 스트렘펠 부부, 다베이 준코, 콘래드 앵커, 프랜시스 클라첼, 켄 윌슨, 카를로스 불러, 크리스티안 벡위스, 제프 파우터, 버나드 뉴먼,

1963년 10월 24일 카트만두에서 퍼레이드가 끝난 다음,
수렌드라 바하두르 샤하 장군과 담소를 나누는 모습

UPI 통신의 통신원 브흘라 라나, 폴란드의 산악인 안드제이 자바다와 함께

2003년 가을 눕체 등반을 성공적으로 마친 러시아의 산악인
발레리 바바노프, 유리 코첼렌코와 함께

2004년 카트만두에서 이탈리아의 산악인 라인홀드 메스너와 이야기를 나누는 홀리

존 로스켈리, 리처드 솔즈버리, 하리시 카파리아, 로디 아이스랜드, 타모추 오니시, 에라르 로레탕, 스티븐 베너블스, 에드 웹스터, 캐서린 데스티벨, 데이브 한, 에릭 심슨, 리사 최걀, 브로톤 콘부른, 메리 로우, 러셀 브라이스, 린지 그리핀, 헤더 맥도널드, 샤론 우드, 마이클 브라운, 멕 레너드, 마이클 레너드, 알렉스 르보프, 엘레인 킹, 리 니어림, 윌 니어림, 엘리노어 슈바르츠, 버나데트 바소, 쿤드라 디시트, 앙 리타, 리디아 브래디, 장 미셀 아셀린, 베카 바하루드타파 박사, 고팔 샤르마, 바하두르 가룽에게 감사드린다.

그리고 사진을 제공해준 헤더 맥도널드, 멕과 마이클 레너드 부부, 엘리자베스 홀리, 리사 최걀, 콜린 몬티스, 알렉스 르보프, 에디 웹스터, 토마스 후마르, 지미 친에게 고마움을 표한다.

네팔에서 40년 넘게 살아온 홀리의 인생은 근본적으로 등반과 관련돼 있어, 수많은 산악인들의 노력 또한 그녀의 이야기에서 중요한 역할을 차지한다. 하지만 이런 이야기의 선별 기준은 등산 역사에서 그들이 차지하는 비중보다 홀리와의 관계에 맞춰져 있다. 멋진 이야기를 들려준 모든 산악인들에게 진심으로 감사드린다. 덕분에 책의 내용이 더욱 풍성해질 수 있었다.

이 모든 작업을 진행할 수 있도록 이끌어준 마운티니어스 북스의 크리스틴 호슬러, 작업에 많은 도움을 주고 뜻밖에도 즐거운 작업을 할 수 있게 해준 편집장 헬렌 와이브라우 그리고 꼼꼼하게 편집해준 브렌다 파트슬리에게 감사드린다. 열정적으로 서문을 작성해준 에드먼드 힐러리 경, 18개월 동안 홀리 여사 이야기에 파묻혀 산 나를 지켜봐주고 격려해준 남편 앨런에게도 고마움을 전하고 싶다.

2012년의 홀리

끝으로, 이 프로젝트에 대한 회의적인 관점을 뒤로하고, 전폭적이고 열정적으로 협조해준 엘리자베스 홀리에게 감사의 말을 전한다. 집과 파일을 공개하고, 개인적인 자료에 접근할 수 있게 해주고, 놀라운 유머 감각을 보이면서 기대했던 것보다 더 많은 이야기와 이미지를 제공해주기 위해 기억의 창고 깊은 곳에서 이야기를 꺼내줘서 고마움을 금할 수 없다. 그녀와 함께한 작업은 경험하기 힘든 영광 그 자체였다.

버나데트 맥도널드

근 45년간 히말라야 등반 역사를 기록한 셜록 홈즈
냉담한 독설가 또는 산악인들의 우상

엘리자베스 홀리. 이 이름을 처음 접한 것은 유명 히말라야 등반 가의 등정시비로 시끄러웠을 때였다. 이 왜소한 할머니는 도대체 어떤 존재이기에, 논쟁의 중심에 선 사건의 심판이나 재판관 역할을 할까?

이 물음은 이 책을 번역하면서 다행히도 상당 부분 해소됐다. 이 책은 산악 관련 행사를 기획하는 업무를 하고 있던 버나데트 맥도널드가 직접 열흘간 네팔을 방문해 인터뷰하고, 주변 인물들 — 친지들은 물론 에드먼드 힐러리, 라인홀드 메스너, 그렉 차일드 등 수많은 산악인들 — 의 증언을 토대로 그녀의 80년 인생을 담은 결과물이다. 흥미롭지만, 베일에 싸여 수수께끼 같던 홀리의 삶을 파헤친 이 데뷔작의 성공에 힘입어 저자는 산악도서를 전문적으로 집필하는 작가로 전업했고 이후 활발하게 활동 중이다. 저자는 다양하고 엇갈린 평가를 받고 있는 엘리자베스 홀리라는 복잡한 인물의 삶을 다양한 각도에서 조명하기 위해 그녀를 지켜본 수많은 사람들의 눈과 입을 빌려 입체적으로 형상화해 내는 데 어느 정도 성공한 것 같다.

히말라야 등반 기록가이자 뉴질랜드 명예영사라는 직함을 가진 엘리자베스 홀리는 역사를 공부했고, 언론에서 일했으며, 세계를 여행했고, 새로운 기회의 땅을 찾아 네팔에 정착했다. 그녀는 자신이 누구인지, 무엇을 하고 싶은지, 어떤 삶을 살고 싶은지 아는 여성이었던 것 같다. 하지만 타지에서 홀로 삶을 개척한 여성에게 세상은 그리 친절하지 않았을 것이고, 생존을 위해 그녀는 자신의 외피를 딱딱하게 만들어야 했을 것이다. 따라서 그녀는 어떤 이에게는 수많은 산악인의 염문설 상대인 미스터리한 여인이자, 냉담한 독설가, 골치 아픈 노인네였고, 어떤 이에게는 귀중한 등반정보를 제공해주는 고마운 존재이자, 평생 친구 또는 존경받는 우상이었다.

사실, 번역을 하면서 그녀의 삶을 따라가는 여정이 그리 간단치는 않았다. 세계에서 일어나고 있는 일에 대해 호기심이 많았고, 2년 여간 세계여행을 했던지라 중동부터 몽골까지 수많은 장소와 정치적 사건, 이름들이 불쑥 등장했고, 1960년 네팔에 정착한 이후부터 격동에 휩싸인 네팔 현대사와 정치 시스템과 권력투쟁, 엘리자베스 홀리가 만난 수많은 유명인 — 엘리자베스 여왕부터 힐러리 클린턴에 이르는 — 과 히말라야 사건사고들도 자주 언급되어, 다소 많은 역주를 추가했다. 이 책이 나오기까지 따뜻한 관심과 격려를 아끼지 않은 많은 분들께 감사의 말씀을 드린다.

네팔에서 새로운 삶을 개척하고, 히말라야 등반 기록가로 우뚝 선 엘리자베스 홀리. 이 책을 번역하면서 개척자 정신이 무엇인지, 새로운 나만의 방식으로 나답게 사는 법을 되물었다. 독자 여러분도 자신만의 '안나푸르나'를 찾아 당당하게 오르기를 기대해보면서 글을 마친다.

송은희

세로 여백: 등반가 시리즈 3 엘리자베스 홀리

기록의 위대함 보여준
히말라야 등반기록 지킴이

걸어 다니는 히말라야 등반기록 보관창고 홀리

히말라야에서 등정시비가 불거질 때마다 마치 법정에서 사건을 심리하는 법관처럼 분쟁의 전면에 등장하는 한 여인이 있다. 그 주인공은 엘리자베스 홀리다. 그렇다면 엘리자베스 홀리는 과연 어떤 인물일까? 한마디로 말해 그녀는 히말라야 등반기록의 최고 권위자이자 독보적인 통계자료 정보원情報源으로 명성이 높은 사람이다.

그렇다면 그녀는 왜 이런 일에 매달려 오랜 세월을 바친 것일까. 이 책은 그런 궁금증을 풀어줄 것이다.

이 책은 히말라야 등반기록 지킴이로 50년 넘게 네팔에서 활동한 엘리자베스 홀리 여사의 삶을 다룬 전기이다. '살아 있는 히말라야 데이터 베이스'로 불리는 홀리는 모험의 세계로 뛰어든 사람들과 또 그곳에서 모험에 패한 뒤 죽음으로 승화한 사람들의 이야기를 빠짐없이 기록하는 히말라야 등반기록 지킴이다.

많은 산악인들은 홀리가 등반 기록가로서 최고의 위치에 있다는 점에 동의한다. 그녀는 다른 사람들은 꿈도 꾸지 못할 정도로 많은 히말라야 등반자료를 모았다. 카트만두를 거쳐 가는 수백 명의 산악인들과 직접 만나 인터뷰를 해온 그녀는 백과사전을 만들 것처럼 사실과 수치에 강하게 집착한다.

영국의 언스워드Walt unsworth는 에베레스트라는 특정한 산 하나에만 매달려 700여 쪽 분량의 방대한 자료집을 펴냈으나 홀리는 어느 특정 산에 한정하지 않고 히말라야산맥에 있는 모든 산을 광범위하게 다루었다. 이러한 이유로 그녀를 가리켜 "살아있는 기록 보관소"라고 표현해도 조금도 지나침이 없는 것이다.

홀리의 '히말라야 데이터베이스'는 기록정신의 위대함을 보여주는 산물이다. 그녀가 있었기 때문에 히말라야 등반의 역사가 온전히 남아 있게 되었다는 점은 실로 다행스러운 일이다.

한국등산사의 초기 자료조차 기록 부재로 제대로 규명하지 못하고 있는 안타까운 우리의 현실과 비교해볼 때 홀리의 역사기

젊은 시절의 홀리
(버몬트 여름 별장에서)

록은 더 돋보일 수밖에 없다. 이제까지 히말라야 등반기록을 담은 적지 않은 책들이 선보였다. 그러나 여기 소개하는 엘리자베스 홀리의 전기는 기록정신의 위대함을 보여준 결정판이라 할 수 있다.

인류역사에서 기록정신의 위대함을 알려준 일화는 많다. 1916년 가장 극적인 생환기로 꼽히는 인듀어런스 호의 새클턴 스토리가 생생한 사진기록으로 전해오는 것은 사진가 프랭크 헐리의 목숨을 건 기록정신 때문이다. 그는 기울어져 가는 선체의 활대 끝에 올라 카메라를 설치했고, 목숨을 걸고 부빙 위에 올라 사진을 찍는 행동을 주저하지 않았다. 헐리의 집요한 기록정신 탓에 한 세기 전의 극한상황을 지금도 생생하게 볼 수 있는 것이다. 1911년 남극점 선점 경쟁에서 패배한 스코트가 귀환 도중 최후의 순간까지 일기를 남겨 영국 국민을 감동케 한 일도 기록정신의 위대함을 보여준 일화다.

이 책의 저자 버나데트 맥도널드Bernadette Mcdonald는 한국 독자들에겐 낯선 작가이지만 그녀의 필명은 미국, 캐나다, 유럽 등 세계 여러 나라에 널리 알려져 있다.

그녀는 홀리의 전기 외에도 10여권의 산악도서를 저술한 작가다. 그녀의 대표작으로 평가 받고 있는 폴란드의 히말라야 황금시대를 다룬 『프리덤 클라이머스Freedom Climbers』는 보드먼-태스커상과 밴프 그랑프리, 아메리칸 알파인 클럽 산악문화상 등 6개의 상을 휩쓸었으며, 9개국에서 출간될 정도로 널리 알려져 있다. 이 책은 동구권의 폴란드 등반가들을 주제로 한 이야기이며, 제2차 세계대전 이후 핍박 받던 상황에서 히말라야 등반의 절대강자로 부상하는 폴란드 등산가들의 모험을 다루었다.

홀리는 1960년부터 50년간 다양한 등반을 취재해오며 등반 수준을 한 단계 높인 탁월한 에베레스트 등반에 대해 9가지 사건을 꼽았다. 1922년, 1924년에 있었던 조지 맬러리의 등반은 성공을 거두지 못했지만 에베레스트 여명기에 열악한 장비를 가지고 그만한 고도까지 오른 점을 높이 샀다. 1953년의 힐러리와 텐징의 초등, 1963년 미국이 최초로 이룩한 노먼 다이렌퍼스 원정대의 웨스트 리지 4.5.6등, 1978년 인류가 최초로 이룩한 메스너와 하벨러의 무산소 등정, 1975년 보닝턴의 남·서벽 초등, ― 이 등반은 에베레스트에서 최초로 이루어진 등로주의의 전형을 보여준 등반이다 ― 1980년 메스너의 에베레스트 단독등반, 1983년 스티븐 베너블스의 캉슝벽 등반, 1975년 다베이 준코에 의해 이루어진 최초의 여성 등정, 1980년 안드제이 자바다가 이룩한 동계초등 등이다. 그녀의 평가는 물론 에베레스트라는 한 산에 한정된 평가이지만 그 평가 자체는 정확했다.

또한 그녀는 시각장애인의 등반에 대해 몹시 부정적이고 못마땅해 했다. 시각장애 산악인의 등반에 대해서는 기껏해야 묘기를 부리는 사람쯤으로 여기면서 냉소적인 코멘트를 날렸다.

히말라야 최후의 대과제

홀리는 히말라야 등반의 최후 과제로 호스슈트래버스Horseshoe Traverse를 조심스럽게 꼽는다. 이것은 눕체로 올라가 로체를 횡단한 다음 에베레스트를 오르는 등반이다.

이 과제를 풀기 위해서는 고도의 숙련된 등반기술과 고소적응력이 관건인 것은 두말할 나위가 없다. 그러나 누가 이 멋진 횡단등반의 주인공이 될 수 있을지는 미지수다.

홀리는 등반 속도가 빠르고 황소만큼 뚝심이 센 부크레예프와 젊은 시절의 메스너라면 아마도 가능할 것이라 생각하고 있지만, 부크레예프는 이미 죽었고 메스너는 이 일을 하기에는 너무 늦었다.

등정논란, "다시 가야 해!"

그녀는 원정대를 인터뷰할 때 사형 집행자와 맞먹을 정도로 강력한 카리스마를 드러내며 펜을 잡는다. 등정자의 증언이 모호할 때는 먹잇감을 앞에 둔 맹수의 눈빛이 되며, 단호하게 "다시 가야 해!!"라고 일격을 가한다.

정상 사냥꾼(Peak Hunter)을 다룰 때의 주된 관심은 정확한 통계였다. 2010년 한국 최초 세계 8번째로 14봉 완등을 이룩한 고 박영석의 기록엔 6개월 동안 무려 5개를 오른 전례가 없는 기록을 세웠다고 적었다. 홀리는 8천 미터급 고봉을 오른 모든 산악인을 순위표를 만들어 기록한다. 이 순위표 덕분에 해마다 사람들은 이들이 등반을 어떻게 했는지 한눈에 살펴볼 수 있다.

1999년 이탈리아 산악인 마르티니는 에베레스트 등정 후 14개봉 완등을 선언했다. 그에 대해서는 로체 등정 문제가 의혹으로 부상했다. 그는 "정상 가까이 갔다고 생각합니다."라고 의심스러운 주장을 폈다. 그러나 홀리는 마르티니가 선언한 14봉 완등 중에서 로체를 빼버렸다. 홀리는 마르티니의 말을 토씨 하나도 빼지 않고 그대로 기록하고 기사화했다. 마르티니는 이 기사를 보고 "홀리가 그러는데 정상에 오르지 못했대. 다시 가야 해."라고 말했으며, 그 다음해에 다시 로체를 오른 후 정상사진을 증거물로 홀리에게 제시했다. 마르티니는 로체등정 시비 때문에 2년 동안 의도적으로 홀리를 피해 다녔으나 결국 로체를 한 번 더 올라 확실한 증거를 마련해야 했다.

러시아 최고 산악인 부크레예프는 시샤팡마를 두 번 올라갔다. 첫 번째 등정이 홀리와의 인터뷰에서 거짓으로 드러나자, "다시 가야 해. 홀리가 말하길 정상에 가지 못했다고 했어."라고 말했다. 홀리에게 인정을 받지 못해 같은 산을 두 번씩이나 오른 부크레예프는 1997년 안나푸르나1봉 남벽에서 눈사태에 쓸려 종적을 감췄다.

정보로 쌓여진 산을 만든 홀리 자료의 미래적 가치

2004년 미국 알파인 클럽에서는《히말라얀 데이터베이스 - 엘리자베스 홀리 원정대 자료》라는 제목의 CD가 발매되었다. 평생에 걸친 홀리의 집요한 작업의 결과물이 불멸의 유산으로 남게 된 것이다. 미국 알파인 클럽으로 귀속될 이 산악파일과 책자의 미래적 가치는 거대하다. 7000여 개의 원정대 세부기록과 산악인 55,600명의 신상명세, 방대한 성향분석이 기록된 이 자료는 신 루트를 탐구하는 산악인, 등산서적과 등반역사를 연구하는 작가들에게 귀중한 자료가 될 것이다. 맥도널드는 『엘리자베스 홀리』(원제: Keeper of the Mountains)를 저술하기 위해 에드먼드 힐러리 부부, 크리스 보닝턴, 라인홀드 메스너, 장 크리스토프, 더그 스콧, 톰 혼바인, 찰스 휴스턴, 알린 불룸, 쿠르트 딤베르거, 보이텍 쿠르티카, 그렉 차일드, 다베이 준코, 콘래드 앵커, 존 로스켈리, 에라르 로레

1976년 1월 에드먼드 힐러리 경, 잉게르 리사네비치(보리스의 부인)와 함께
파플루 병원에서

탕, 스티븐 베너블스, 캐서린 데스티벨, 에릭 심슨, 멕 레너드 등
세계 산악계에 영향력을 미친 수많은 산악인들과 인터뷰했다.

엘리자베스 홀리의 전기인 이 책에 대해 라인홀드 메스너와
존 크라카우어는 다음과 같은 평을 했다.

세기적인 등반가 메스너는 "힐러리와 텐징의 에베레스트 초
등부터 현재에 이르기까지 히말라야 등반의 모든 역사를 알고 있
는 사람은 오직 엘리자베스 홀리 뿐이다. 모든 유명 산악인과의
면담을 토대로 그녀는 정보로 쌓여진 산을 만들었다. 마침내 우리
는 멋진 이야기와 베일에 싸인 홀리의 세계를 엿볼 수 있게 됐다."

라고 말했다.

『희박한 공기 속으로』를 저술하여 세계적인 베스트셀러 작가가 된 존 크라카우어는 "아주 흥미로운 여성의 삶을 담은 훌륭한 전기다. 엘리자베스 홀리의 신비로운 삶의 베일을 들춰내면서, 작가는 히말라야의 등산역사를 엿볼 수 있는 멋진 특강을 들려준다. 에드먼드 힐러리 경부터 바부 치리, 라인홀드 메스너에 이르기까지 홀리의 45년 카트만두의 삶을 관통하는 수많은 인물들과 함께 흥미롭게 재해석한 내용들로 가득하다."라고 말했다.

이 책은 하루재클럽이 7번째로 펴낸 야심작이다. 해외원정을 꿈꾸는 산악인이나 히말라야 트레킹을 준비하는 사람들에게 필독서가 되리라 생각한다.

이용대

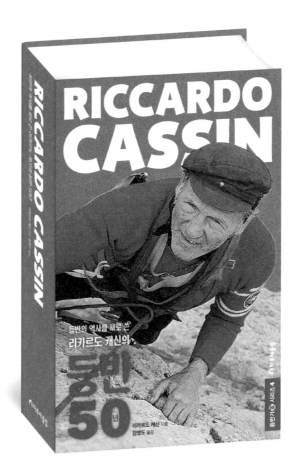

RICCARDO CASSIN

등반의 역사를 새로 쓴
리카르도 캐신의,

등반
50년

리카르도 캐신 지음
김영도 옮김

정상에서 물 한 방울을 떨어뜨린 다음,
그 선을 따라 오르고 싶다.

"리카르도, 책 한 권 쓰지 그래요? 모험적인 등반에 대해 할 이야기가 많지 않습니까? 초창기 알프스 개척시대부터 알프스와 돌로미테에서의 활약과 성공적인 해외원정까지."

나는 자주 이런 말을 들어왔고, 흥미가 그리 끌린 것은 아니었지만 생각이 없었던 것도 아니었다. 그러다가 1975년 로체 남벽 원정등반에 실패하고 고국으로 돌아오는 군용 비행기 안에서 이 생각을 다시 떠올렸다. 사실, 비행기 안에서 조용한 사색의 분위기에 빠져 있었다. 그런데 자서전을 써볼까 하고 생각하기 시작하자 점점 더 부담되기 시작하더니 마음을 심란하게 만드는 단계로까지 발전했다.

하필이면 왜 그때 이런 생각이 났을까? 클라이머로서 내 생애 처음으로 좌절을 맛봤던 그때 이런 생각이 났다는 것은 아이러니가 아닐 수 없었다. 나는 깊은 복수심에 불타올랐고, 강렬하고 복잡한 감정이 내 마음 속을 휘젓고 있었다. 한편으로는 수많은 위험과 어려움을 이겨내고, 원정대원 전원과 함께 집으로 돌아간다는 기쁨과 더불어 고향의 옛 친구들이 보고 싶다는 생각이 들었다. 그리고 이런 생각도 들었다. 단조로운 일상으로 돌아가게 되면 남벽에서의 좌절이 더 고통스러워질까, 아니면 그래도 최선을

로체 남벽 1캠프 위쪽의 설릉

다했다는 데서 위안을 받고 실패의 쓸쓸함이 어느 정도 달래질 수 있을까?

　　그러나 이런 상념들도 그때뿐이었다. 지금 나의 성격은 내 인생의 대부분을 산에 바치면서 형성되었을 뿐만 아니라 긍정적이고 실용적인 바탕에서 스스로 깊은 성찰을 할 수 있게 된 것이다. 그런 가운데 어려운 등반을 성공해 가면서 스스로 확신과 힘을 가질 수 있었다. 하지만 철저히 준비한 로체 남벽 원정등반의 실패를 통해서 인간이 온전한 의지만으로 한계상황을 뛰어넘지 못할 수도 있다는 사실을 명확히 깨달았다.

　　산은 인간에게 손을 내밀고, 가르치며, 언제나 절대적인 인간의 주인으로 그 자리에 있었다.

　　나의 오랜 등반 기록인 이 책에는 산과 산에 관련된 모든 것을 변함없이 그리고 열정적으로 생명같이 사랑해온 소중한 내 경험이 담겨 있다.

리카르도 캐신

250년 등반사의 공백이 메워졌다

가스통 레뷔파가 쓴 『별빛과 폭풍설』에 리카르도 캐신 일행 셋이 느닷없이 르캥 산장에 나타나, 그랑드조라스 가는 길을 묻는 장면 이 나온다. 그랑드조라스가 알프스 3대 북벽 최후의 과제로 남아 있던 1938년 이야기다.

　『별빛과 폭풍설』은 산악인들이 즐겨 읽는 책이지만, 특히 이 장면의 묘사는 극적이어서 잊히지 않는다. 근자에 캐신이 남긴 오 직 한 권의 책인 『리카르도 캐신 - 등반 50년』을 우리말로 옮기며, 나는 캐신 일행이 미답의 그랑드조라스를 오르던 모습을 자세히 알았다.

　이제 리카르도 캐신에 대해 새삼 이야기할 것도 없다. 그가 지난 세기 중반, 돌로미테를 중심으로 얼마나 어려운 개척등반을 했는지는 널리 알려져 있기 때문이다. 그러나 한 가지 분명한 것 은 캐신의 그러한 등반 세계가 실은 우리에게 거의 알려져 있지 않았다는 것이다. 그 기록을 담은 책이 우리에게는 지금까지 없었 다는 이야기다. 나 자신 암벽 세계를 모르다가 이번에 캐신의 책 을 옮기며 바로 감정이입이 되어 그 웅장하고 거대한 돌로미테를 캐신을 따라 오르게 됐다. 이른바 추체험追體驗 하게 된 셈이다.

　근년에 발터 보나티의 『내 생애의 산들』과 리오넬 테레이의

『무상의 정복자』를 옮기며, 이것으로 외국의 등반기 번역을 끝낼 생각이었다. 그런데 여기 하나의 공백이 있는 것을 미처 알지 못했다. 바로 리카르도 캐신이다. 비교적 일찍 책과 만나면서 이 세 선구자를 뒤늦게 펼친 것은 하필 그들의 책만 우리 주변에 없었기 때문이다.

보나티, 테레이와 캐신은 모두 이탈리아와 프랑스 사람들이다 보니 그들의 책은 오랜 세월 우리로서 접하기가 쉽지 않았다. 그러다가 뒤늦게 독일어판이나 영어판을 입수하게 되어, 이만하기도 다행으로 생각하며 그것들을 옮기기 시작했던 것이다. 그리고 이제 내가 할 일은 다했다는 생각이다. 늦어도 이만저만 늦은 것이 아니지만, 그들의 책이 우리 산악계에 없었다는 것은 분명한 수치이고, 우리 등산문화의 후진성 외 아무것도 아니다.

보나티, 테레이와 캐신은 그 눈부신 생애에 비해 오직 한 권의 책을 남겼는데, 그중에서도 캐신의 경우는 사뭇 돋보인다. 그는 이 책을 쓰며 이렇게 말하고 있다. 자기는 책벌레가 아니고 시詩를 읽는 편도 아니라고. 그러던 캐신이 뒤늦게 로체 남벽에 도전했다가 실패해(1975년), 긴 세월 클라이머로서 살아오며 일찍이 느껴본 적이 없는 허탈감에 빠졌는데, 마침 친구들로부터 그 화려한 등반기록들을 남겨야 할 것이 아닌가 하고 권고를 받았다고 한다. 그렇게 되어 이 책이 햇빛을 보게 되었다.

그러나 캐신에게는 클라이머로서 타고난 인간성과 지적이며 시적인 감성이 있다. 그는 이 책 서두에 "클라이머는 시인이나 선원처럼 타고나는 것이며, 산이 그리운 사람은 언젠가는 거부할 수 없는 유혹에 이끌리는 자신을 발견하게 된다."라고 했다. 캐신은

리카르도 캐신이 코르노 델 니비오에서 인공등반을 연습하고 있다.

아이거 북벽을 초등한 프리츠 카스파레크Fritz Kasparek와 돌로미테의 시인이라 불리던 에밀리오 코미치Emilo Comici를 그 좋은 예로 들었다.

　리카르도 캐신은 산자락에서 태어나지 않았으나 좋은 일터를 찾아 레코에 갔다가 거기서 비로소 암벽과 만났다고 스스로 회상하고 있다. 캐신은 자기 말대로 책과 거리가 멀게 살아왔지만, 그의 등반기에는 감성이나 시정의 천부적 요소가 엿보인다. "시인은 재미없는 일상에서 벗어나 생생한 창의력에 의해 창조되는 세계로 탈출하는 몽상가나 다름없다."라며 이런 시적 감수성이 없는 클라이머는 거대한 벽에서 겪게 되는 불안과 탈진, 위험을 견뎌낼 수 없다고 했다.

캐신이 산에서 느끼는 감정, 산을 바라보는 눈초리는 그야말로 예민하고 날카로우며 빈틈이 없다. 암벽등반을 즐기는 사람은 많아도 이런 감정을 토로하는 클라이머는 보기 드물다. 그런 모습이 그의 책 군데군데에 나온다. 그의 책이 단순한 등반기록이 아니라는 이야기다. 캐신은 자기 자신 공부를 못했다며 평생 책 같은 것을 쓸 생각을 하지 않았다고 하지만, 현실은 달랐다. 세계 등반의 역사를 기록한 선구자들 가운데 그런 인물들이 종종 있다. 헤르만 불이나 발터 보나티가 그 대표적 인물이며, 그들이 남긴 『8000m의 위와 아래』와 『내 생애의 산들』은 그것을 잘 보여주고 있다.

"산에는 헤아릴 수 없을 만큼 많은 모습이 있다. 감수성이 조금 부족한 사람이라 할지라도 그 모습 앞에서 놀라지 않을 수 없다. 태양 앞을 지나가는 구름은 금빛을 두르고, 구름을 뚫고 나오는 햇빛은 날카로운 검처럼 바위를 내리치며, 산을 변화무쌍하게 수놓는다. 바람에 쿨르와르 위쪽으로 밀려 올라가는 안개는 독특한 내음을 남기기도 한다. 광활한 지평선에 수많은 봉우리들이 줄지어 뻗어 있고, 모든 것을 빨아들일 것 같은 돌로미테 분지의 밀

실공포증과 벽에서의 비박이 산에는 있다."

리카르도 캐신은 이런 말도 했다. "비박을 준비하는 데는 시간이 걸린다. 때로는 어둠에 맞서 싸우는 전투이기도 한데, 일단 모든 준비가 끝나면 누구나 더 편한 잠자리를 만들려 한다. 물론 비박은 거의 언제나 불편하다는 것을 하늘은 알고 있다. 산의 내밀한 모습이 자신 앞에 펼쳐지고 있다는 느낌을 받게 되면, 그는 비로소 산의 일부가 된다. 이것이 바로 시詩다."

헤르만 불은 어려서 집이 가난해, 등산화도 제대로 사지 못했고 때로는 양말만 신은 채 산을 오르내렸다고 하는데, 캐신 역시 몹시 가난했다. 열두 살 때 대장간에서 풀무질을 하다가 새로운 일터를 찾아서 친구 따라 레코에 간 것이 그의 운명을 결정짓고 말았다. 그때 눈앞에 암벽의 세계가 나타나며 캐신은 그 속에 빠져 들어간다.

당시 그는 샛별이 아직도 떠 있을 때 남에게서 빌린 배낭에 낡은 옷을 걸치고 처음 보는 산의 정상을 향해 시간 가는 줄 모르고 올라갔다. 이렇게 해서 알게 된 산에 대한 감정과 접근은 그의 말대로 산의 미치광이가 되면서 평생 불치병을 앓게 된다.

캐신의 등반기록은 하나하나 열거하기도 힘들다. 그는 돌로미테에 수많은 루트를 내고, 일찍이 선구자들이 갔던 데를 다시금 자기 식으로 재등하는 등, 그가 암벽에 남긴 궤적은 단순한 루트가 아니다.

클라이머로서 캐신의 경력에서 유난히 돋보이는 것이 있다면, 일찍이 에밀리오 코미치의 등반 파트너였던 마리 바랄레Mary Varale와 함께 돌로미테를 누빈 일이다. 또한 등반 중 어려운 곳에

피츠 바딜레 북동벽의 설벽지대 바로 위쪽에 있는 디에드르. 이곳이 크럭스다.
사진은 1952년 이 루트 재등에 나서 선등하고 있는 캐신의 모습.

서 이따금 주스토 제르바수티Giusto Gervasutti, 1909-1946와 만나는 이야기도 매우 인상적이다. 제르바수티는 캐신과 같이 1930년대에 활약한 선구자로, 특히 당시의 돌로미테와 서부 알프스 사이에 가로놓인 깊은 현격懸隔을 극복해나간 불세출의 클라이머였다.

오늘날 우리 산악계는 뒤늦게 눈을 뜨며, 너무 앞만 보고 달린 감이 있다. 물론 그런 과정에서 우리는 남달리 얻은 것이 많지만 반면 잃은 것도 적지 않다. 인간은 사회적 동물이면서 역사적 동물이다. 등산가에게 특히 역사란 바로 '알피니즘의 역사'일 터인데, 그 250년의 흐름 속에 지금까지 우리에게 공백으로 남아 있던 것의 하나가 이제 비로소 밝혀지고 메꾸어졌다고 생각한다. 이 책은 그런 책이라고 나는 생각한다.

참고로 'Riccardo Cassin'이라는 인명 표기에 대해 말하자면, 그는 이탈리아에서 '리카르도 카신'인데 우리나라에서는 '리카르도 캐신'으로 널리 알려졌다고 한다. 나는 울주세계산악영화제에서 마침 이탈리아 거주 지인을 만나 이 문제를 확인했다. 그러나 나는 우리나라에서 통용되는 대로 출판사측의 견해를 존중하기로 했다는 점을 여기 부언하고 싶다.

이 책의 원본은 『50 YEARS OF ALPINISM』 by RICCARDO CASSIN, translated by RENATO SOTTILE, 1981년판이다.

김영도

이 책은 이탈리아 알피니즘의 대부 리카르도 캐신Riccardo Cassin, 1909-2009이 남긴 등반 50년의 회고록이다. 사람들은 그를 "대장장이 캐신"이라 불렀다. 이런 별명이 붙여진 배경은 그가 1947년부터 피톤, 카라비너, 해머 등 금속제 장비 제작을 했기 때문이다. 1970년대 그가 직접 제작한 '캐신'이란 상품명의 암벽장비가 우리나라에서도 널리 사용되었다. 한국 산악인들에게 캐신 ― 현지에서는 '카신'으로 불린다. ― 의 이름이 익숙한 것은 1970-1980년대 그가 제작하여 보급한 하켄, 아이젠, 피켈, 해머, 카라비너와 같은 '캐신 브랜드' 때문일 것이다.

캐신은 제2차 세계대전 전후세대를 연결하는 이탈리아 등반계의 중심인물이다. 그는 세계 등반사에서 1930년대를 대표하는 최고의 알피니스트로 평가받고 있다. 그의 이름은 곧 전설이며, 등반의 역사에 기록된 중요한 초등 몇 개는 곧 그의 이름과 동의어다.

캐신은 북부 이탈리아에서 태어나 레코Lecco에 살면서 그리나Grigna의 석회암장에서 1926년부터 등반을 시작했다. 그는 '이탈리아 신 등반 그룹New Italy Climbing Group'을 결성하고 이를 주도하면서 서부 알프스와 돌로미테 등지에서 6급의 암벽등반 시대를 열어나갔다. 캐신은 1934년 이탈리아의 국민적인 클라이머로 추앙받는 인공등반의 마술사 에밀리오 코미치를 처음 만나 깊은 관계를 맺으면서 인공등반의 신기술을 전수받아 돌로미테의 거벽을 차례로 정복해나간다. 그는 코미치를 만나기 전까지는 압자일렌 하강기술도 모르는 상태였으며 바위에서 양손으로 줄을 잡고 하강할 정도로 기술적으로 미숙한 상태였다.

코미치를 만난 후 그의 등반기술은 일취월장한다. 언제나 디렛티시마를 추구한 코미치는 "정상에서 물 한 방울을 떨어뜨린 다음, 그 선을 따라 오르고 싶다"라는 말로 자기의 등반 스타일을 표현했다. 캐신은 코미치 특유의 이런 등반 철학을 이해하고 공감하게 된 것은 행운이라고 말했다.

굽힐 줄 모르는 투혼으로 알프스 등반사를 새로 쓴 '대장장이'

캐신은 1935년 치마 오베스트 북벽Cima Ovest North Face, 2,974m과 1937년 피츠 바딜레 북동벽Piz Badile N.E. Face, 3,308m을 초등한다. 그의 생애 최대 업적은 1938년 단 한 번의 시도로 이룩한 그랑드 조라스 워커릉Grandes Jorasses Walker Spur 초등반을 꼽을 수 있다.

그는 어떠한 곤경 속에서도 굴할 줄 모르는 투혼을 지닌 인물이다. 그가 이룩한 역사적인 등반에는 이런 특성이 뒷받침하고 있다. 그는 천재성을 지닌 암벽 등반가로 어떤 열악한 기상조건에서도 불굴의 투지로 밀어붙이는 과감한 등반을 해온 것으로 유명하다. 치마 오베스트는 역사에 기록될만한 극적인 등반이었다. 낙뢰와 폭풍이 몰아치는 가운데 이틀 동안 비박을 감행하며 불굴의 투혼으로 500미터의 오버행 벽에 새로운 길을 열었다. 그는 이 등반을 성공시킨 후 이탈리아의 영광을 이룩했다는 자부심으로 감격했다. 피츠 바딜레 북동벽 초등 당시 캐신 일행은 52시간 동안 등반하였으며, 등반 중 눈, 비, 우박, 낙석, 낙뢰 등이 12시간 동안 지속되는 가운데 눈보라를 뚫고 정상에 섰으나, 두 사람이 폭풍설에 노출되어 사망한다. 두 사람은 등반 중에 우연히 만난 다른 팀의 동행자였다. 등반에는 성공했지만 비극으로 얼룩진 대 등반이었다. 이후 피츠 바딜레는 12년 동안 재등이 이루어지지 않았다.

1938년 독일 오스트리아 등반대에 의해 알프스 최후과제라 불리던 아이거 북벽이 초등되자 이 벽의 초등을 노리고 있던 캐신은 실망한다. 그는 이때의 심경을 "같은 산악인으로서 아이거 북벽 초등 소식을 듣고 기뻐한 것은 사실이지만, 우리 기대가 무너진 것에 대해 몹시 실망했다. 그래서 몇 번 정도 듣기만 했던 그랑드조라스를 선택한 것이다."라고 말했다. 당시 유럽 최강의 등반가들이 이 벽을 노렸으나 모두 패퇴했지만 그는 단 한 번의 시도로 그랑드조라스 워커릉을 깔끔하게 돌파한다. 그랑드조라스 등정은 국민주의 산악운동이 강하게 작용한 단순한 동기에서 출발했지만 지금까지도 세기적인 대 등반으로 평가받고 있다. 그는 이 등반의 성공으로 국제적인 명성을 얻었고, 이탈리아의 영광이 될 만한 업적을 이룩했다는 자부심으로 감격했으며 이탈리아를 일거에 산악 강국으로 부상시킨다.

당시 유럽 산악계의 분위기는 독일, 이탈리아, 오스트리아, 프랑스 등의 등반가들이 자기 조국의 명예를 걸고 경쟁적으로 미등의 벽에 초등의 흔적을 남기던, 등반에도 국가 간의 내셔널리즘이 강하게 작용하던 시대였다. 이 기습적인 쾌거는 이 벽을 노리던 수많은 등반가들을 실망시켰고, 독일 게르만 민족의 아이거 북벽 승리에 대한 무언의 시위이기도 했으며, 알프스 3대 북벽 중 유일하게 남아 있던 마지막 과제를 해결한 쾌거였다.

그랑드조라스는 프랑스 산악인들이 눈독을 들이던 곳이었으나 어느 날 갑자기 나타난 무명의 이탈리아 촌뜨기 세 명이 소리 없이 해치운 것이니 놀라지 않을 수 없었다. 캐신 일행이 레쇼 산장에 도착하여 등반을 준비할 때 그곳에 있던 프랑스 산악인들은 비웃으며 조롱했다.

캐신의 천재성은 루트에 대한 정확한 판독에 있다. 세기적인 대 등반으로 평가받는 워커릉 초등이 이를 입증했다. 그는 자연스러운 선을 따르면서 디렛티시마直登를 추구하였다. 워커릉 등정 후 그는 "알피니즘의 본류는 빙·설·암의 어려운 조건을 추구하고 이를 극복하는 데 있다."라고 말했다.

4대륙을 섭렵한 등산 50년의 굵직한 기록들

캐신의 행적을 살펴보면 세계의 고산과 거벽에서 얼마나 치열하게 활동했는지를 알 수 있다. 그의 활동반경은 유럽의 동·서 알프스, 아시아의 히말라야, 북미의 알래스카, 남미의 안데스에 이르기까지 세계의 산을 상대로 지구의 4대륙을 섭렵하는 굵직한 기록을 세운다.

그는 유럽 동부알프스의 돌로미테와 서부알프스의 그랑드조라스, 피츠 바딜레를 초등한 후 1953년 이탈리아 정부가 지원한 K2 원정대 아르디토 데시오 대장과 K2를 정찰했으나 대장과 견해차로 불화가 생긴 가운데 스키 사고로 발목 부상을 입어 1954

데날리의 남서벽과 남벽 사이에 있는 캐신 리지.
사각형으로 표시된 곳이 쉘든의 비행기를 위한 가설활주로가 있던 곳이다.

년 K2 초등대에 합류하지 못하는 아쉬움을 남긴다.

그는 1953년의 정찰 대원이었지만 대장 데시오 교수의 지휘 체계에 위협적인 존재로 판단, 고소 스트레스에 대하여 신체적으로 부적합하다는 불공정한 이유를 내세워 본대에서 탈락된다.

1957년 가셔브룸4봉(7,925m) 원정에 대장으로 참가하여 마우리와 발터 보나티의 등정으로 초등정을 성공시킨다. 그는 산에서도 몸소 실천하는 리더십을 발휘하는 대장이었다. 가셔브룸4봉 원정에서는 포터들보다 더 무거운 짐을 지고 8일 동안 카라반을 하며 대원들에게 솔선수범의 본보기를 보여주기도 했다. 가셔브룸4봉의 성공은 K2 초등대에서 배제당한 데 대한 멋진 설욕전이었다.

캐신은 또한 1961년 52세의 나이로 북미 최고봉 데날리를 원정하여 사우스 버트레스 루트를 초등정 했다. 이 루트는 초등자 캐신을 기려 '캐신 리지'로 명명되었다. 이 초등을 축하하기 위해 미국의 케네디 대통령과 이탈리아 그론치 대통령이 축전을 보내 그의 공적을 크게 치하했다. 1969년 캐신은 페루 중부 안데스의 히리샹카 서벽Jirishanca West face, 6,126m을 초등한다. 1975년엔 히말라야 3대 미해결 과제로 남아 있던 등반 고도 3,500미터에 이르는 난공불락의 요새 로체 남벽 원정에 대장으로 참가하였으나 그의 등산 인생에서 최초의 패배를 맛본다. 그는 이곳에서 7,500미터까지 오른 후 베이스캠프를 휩쓸어버리는 눈사태와 강풍의 횡포 앞에 결국 전의를 상실한 채 무릎을 꿇는다. 그는 이 원정을 위하여 젊은 등반가 라인홀드 메스너를 포함한 강력한 등반대를 조직했다. 그는 로체 원정 실패 후 로체 남벽을 가리켜 수시로 눈사태와 낙석, 낙빙을 쏟아내는 '걷고 있는 산'이라고 했다. 그리하여 그는 "아마 20년 후에 누군가 이 벽을 오를 수 있을지 모르나 현재로서는 불가능하다. 20년 후 누군가 오른다 해도 행운이 따르지 않으면 도저히 불가능하다."라는 말을 남겼다.

백전노장의 저력을 과시한 피츠 바딜레 재등

그는 로체 남벽에서 패퇴했으나 그의 알피니즘은 끝나지 않는다. 1987년 78세의 나이로 자신이 50년 전에 초등한 피츠 바딜레를 10시간 만에 재등하여 백전노장의 저력을 과시하며 지칠 줄 모르는 등반능력으로 전설적인 위상을 획득한다. 그는 등반을 끝낸 뒤 "등반을 즐기면 50, 60, 80세까지도 등반이 가능하다."라고 말하면서 아직도 자신이 건재함을 입증했다. 그는 같은 나이 또래의 등반가들이 오래전에 집안 안락의자의 편안함에 안주했지만 여전히 한계에 도전하여 젊은 등반가들의 롤 모델 역할을 했다. 그가 100세까지 장수한 것은 등산을 통해 단련해온 건강 때문일 것이다.

그는 등산경력 못지않게 삶 자체도 매우 다채로웠다. 젊은 시절에는 단순 취미를 넘어선 국가대표급의 권투를 했고, 50번 이상의 경기를 치르며 이탈리아 챔피언 자리까지 넘볼 정도였다. 제2차 세계대전 전에는 벽돌공장 직공 일을 했고, 레코에서 전기 공장의 감독으로 일했다. 전쟁 중에는 레지스탕스 지도자가 되어 대독 항전에 참여한다.

전쟁 후에는 후진 지도와 산장복원 사업에 주력했고 자신의 이름을 상표로 한 등반장비를 제작, 보급하기도 했다. 그는 1999

년 이탈리아 최고 명예인 '대십자 훈장 기사 작위'를 받았으며, 2009년에는 알파인 클럽 명예회원으로 위촉되기도 한다. 등산의 역사를 바꾼 위대한 산악인 리카르도 캐신은 2009년 8월 6일 고향 레코에서 101세를 일기로 유명을 달리했다.

캐신의 50년 등반활동은 그것이 곧 세계등산사이며 250년 알피니즘 역사의 공백을 메우는 귀중한 기록이다. 돌로미테 등반에서부터 데날리 초등까지 상세한 정보와 많은 사진자료들을 담고 있는 이 책은 우리 산악인들에게 유익한 정보를 제공해줄 것이라 믿는다.

고산과 거벽에서 한 시대를 풍미했던 하인리히 하러, 리오넬 테레이, 가스통 레뷔파, 발터 보나티 등 대전 전후의 유명 등반가들의 전기나 등반 기록물은 이미 출간된 바 있다. 하지만 이들 가운데 가장 좌장격인 캐신의 저서가 지금까지 국내에 소개된 적이 없었다는 것은 만시지탄의 감이 있다.

올해는 알프스 6대 북벽 중 하나인 피츠 바딜레가 캐신에 의해 초등된 지 80주년을 맞는 해다. 이제 그의 회고록 출간으로 한국 독자들은 뒤늦게나마 위대한 산악인과 만나는 경사를 누리게 됐다.

이용대